자본주의,
어떻게 우리 일상에 스며들었나

자본주의, 어떻게 우리 일상에 스며들었나

자본주의 문명의 프리즘

전병권 지음

푸른역사

서문

  공간과 시간에 대한 개념적 이해는 우리가 살아가고 있는 세상을 이해하는 데 다른 무엇보다 필요한 것이다. 공간 개념은 우리가 거주하는 장소를 칭한다. 특히 사고 형성 측면에서 보면 장소는 자신이 서 있는 곳에서 바라보는 관점, 즉 입장을 만드는 데 필수불가결한 요소다. 하지만 우리는 너무나 쉽게 이것을 망각한다. 자신이 어디에 있는지 몰라서 의견을 피력하지 못하는 경우까지 종종 발생한다.
  예컨대 사랑하는 연인과 함께 있고 싶은데 부모님이 반대하는 경우를 떠올려보자. 자신이 어디에 있어야 좋을지 몰라 망설이는 모습을 쉽게 그릴 수 있을 것이다. 이는 부모님과 같이 거주하는 공간과 연인과 함께 사랑하는 공간이 서로 충돌하기 때문이다. 만일 부모님과 함께하는 공간이 육체적인 것이고, 연인과 함께하는 공간이 정신적인 것이라고 한다면, 정신과 육체의 충돌 속에서 자신은 어디에 거주해야 좋을까? 자신의 입장을 피력할 때 정신적인 측면에 바탕을 두면 관념론자라고 부르고, 육체적인 측면에 바탕을 두면 유물론자라고 부른다고 치자. 자신은 관념론자일까 아니면 유물론자일까?[1] 누구나 이러한 상황에 놓이면, 자신을 어떻게 부르든 관계없이 연인과 부모님 간 갈등이 해결되기만을 바랄 것이다.

또 다른 예를 살펴보자. 평소에 자신이 유물론자라고 생각하면서 세상을 이해했던 사람이 있다고 하자. 이 사람은 자신의 신념에 맞게 살기 위해 자신이 만든 정식, "연인과 함께하는 것은 관념론자, 부모와 함께하는 것은 유물론자"라는 정식 속에서 연인보다 부모님을 선택했다고 한다. 그렇다면 그는 자신이 주장했던 유물론의 정식에 충실하게 사고한 것일까? 그는 과연 유물론자였을까?

우리는 아직까지 유물론이 무엇인지, 관념론이 무엇인지 잘 모른다. 다만, 아주 소박하게, 관념론자는 자신의 사고 체계를 특정 관념의 토대 위에서 만들고, 유물론자는 그것을 특정 물질의 토대 위에서 만드는 사람이라고 이해하자. 말하자면, 최초에 거주하는 토대의 공간이 관념적이냐, 물질적이냐의 차이 속에서 두 개념을 이해하자. 이렇게 이해하고 위의 사례를 봤을 때 과연 그가 최초에 거주했던 공간은 어디였을까? 연인과 부모님과의 갈등 상황이었을까? 아니면 자신이 유물론자라고 생각했던 상황이었을까? 전자라고 한다면, 그 갈등 상황이 사고의 물질적 기반이

되어야 한다. 후자라고 한다면, 자신을 유물론자라고 간주했던 상황이 이 갈등 상황을 규정하게 되어 거의 자동적으로 자신의 선택은 부모님과 함께하는 쪽으로 기울게 될 것이다.

이에 대해 좀 더 세밀하게 검토해 보자. 갈등 상황이 자신의 사고를 만드는 데 우선적으로 중요한 물질적 기반이었다고 한다면, "연인과 함께하는 것은 관념론자, 부모와 함께하는 것은 유물론자"라는 정식은 무기력하게 된다. 연인과의 소중한 사랑이 부모님의 축복 속에서도 가능하기 때문이다. 갈등 상황에서 만들었던 정식은 비갈등 상황에서 영향력을 발휘하기 어렵다. 말하자면, 특정한 공간에서 만들어진 정식은 그 공간을 넘어선 상황에서는 무기력하게 된다.

갈등 상황에서 만들었던 정식이 갈등 공간을 정확히 규정하는 것도 아니다. 연인과 부모 사이의 갈등은 나와의 관계에서 형성된 거라 나, 연인 그리고 부모, 세 주체의 입장이 나올 수밖에 없다. 그럼에도 나를 제외시키고 연인과 부모의 입장에서만 정식을 만들었기 때문이다. 사고의 주체인 "나"를 소외시키면서 갈등 상황을 묘사하는 정식은 올바른 정식이 아니라 표피적인 정식일 뿐이다. 그리고 이 표피적인 정식으로부터 자신의 생각을 추론하는 것은 "사변"적인 태도다. 사고의 기원이 갈등 상황이 아니라 자신을 소외시키면서 만든 정식에서 파생되었기 때문이다. 사변 속에서 관념론자, 유물론자 등과 같은 말장난은 사변을 고착시키는 장식품에 불과할 뿐이다.

그런데 재미있는 것은 "나는 어떠한 상황에서 갈등하고 있다"고 규정하는 순간, 그 갈등하는 상황 속에서 초월할 수 있는 계기가 마련된다는 점이다. 세상을 이해하기 위해 자기가 위치한 세상에 대해 규정하는 순간, 그 세상에 거주하는 공간을 초월할 수 있다는 것이다. "나는 어떤 남자를 사랑한다. 그러나 나의 부모님은 그 사랑을 반대한다"고 규정한 순간, 그 반대를 극복할 수 있는 계기가 마련된다는 것이다. 그것이 어떻게 가능할까? 선험적인 사변의 공간에 매몰되지 않으면 된다. 자신이 위치한 공간, 즉 자신을 소외시키지 않는 공간이 선험적으로 구성된 공간, 즉 사변 속에서 만들어진 공간보다 자기를 구성하는 데 중요한 지점이라는 것을 자각하면 된다.

자각의 계기는 초월적 계기로 나타날 수 있다. 이는 자신이 현존하는 장소에 대한 정확한 규정에서 만들어진다. 자기가 위치한 공간에 대한 정확한 포착은 자기를 구성하는 시간 혹은 자기가 거주하는 시간에 대한 이해 속에서 가능하다. 그런데 이와 같이 자기를 구성하는 공간에 대한 시간의 개념은 우리가 일반적으로 생각하는 시간의 개념과 다르다. 그래서 고대 그리스 철학자들은 이러한 시간을 '카이로스kairos의 시간'[2]이라고 부른다. 주체가 특정한 상황에 직면한 카이로스의 시간은 사건의 연대기적 서술을 지칭하는 '크로노스chronos의 시간'과 상이하며, 기계적인 시계의 시간과도 상이하다. 카이로스의 시간은 시간이 멈춰선 듯한 느낌, 어떠한 운명이 나를 기습하여 시간조차 빼앗아가는 시간의 진공 상태, 즉 덧없이 다가오는 시간을 말한다. 사랑하는 연인으로부터 버림받아 세상이 멈춰버린 느낌이 들 때 그리고 그것과는 반대로 사랑하는 연인에게 사랑 고백을 했는데 그 연인이 나를 받아들여 세상의 모든 것을 가진 듯한 충만감에 사로잡혔을 때가 바로 카이로스의 시간이다.

이와 유사하게, 자본주의 문명을 이해하는 프리즘도 시·공간적 방식에서 살펴볼 필요가 있다. "공간적 방식"에서는 주체를 정확하게 자리매김할 수 있는 초월적 계기의 포착이 가능하다. 또한 "시간적 방식"에서는 새로운 삶의 양태를 생산하는 혁명적 계기, 자신의 삶을 스스로 자기조직화하고 구획할 수 있는 인식의 계기를 발견할 수 있다.

따라서 이 책은 동서양 문명과 문화를 단순히 이분법적으로 구분하여 동양적인 것과 서양적인 것의 양태를 묘사하고 그것을 비교하는 작업이 결코 아니다.[3] 대신 동서양을 막론하는 글로벌 자본주의 힘의 실체와 그 양태를 파악하기 위해 다양한 고대 문명의 사례를 살피면서 자본주의 문명이 이를 어떻게 변용시켰는지에 대해 주목할 것이다.

***

과연 자본주의의 어떠한 모습이 우리의 삶 속에서 착근되어 떨어지지 않는 것일까? 우리는 자본주의의 어떠한 점을 숭배하고 찬양하며, 그것을 아주 자연스러운 우리의 일상세계로 간주하는 것일까? 어쩌면 가장 단순하고 우매한 질문일지도 모른다. 이러한 질문을 우리의 의식 속에 명확히 하고, 또 그것으로써 자본주의 문명을 이해하는 프리즘을 만드는 과정은 수많은 우회로를 지나칠 수밖에 없을 것이다.

이는 사랑을 매개로 연인과 부모 사이의 갈등을 유비시키면서 그러한 갈등을 공간적 프리즘과 시간적 프리즘 속에서 어떻게 자리매김해야 바람직한가를 살핀 것과 비슷하다. 연인과 부모라는 메타포 대신에 동서양 자본주의 문명이라는 메타포로 바꿔보자. 문제의식이 명확하게 자리잡지 못하는 것은 동서양 자본주의 문명에 수많은 요소가 혼재되었기 때문이다. 따라서 분석은 단순한 것에서 시작하여 복잡한 것으로 진행되는 방식이 아니라 모호하고 복잡한 것에서 출발하여 단순한 것을 좀 더 명확히 하고 복잡한 것을 해명하는 방식일 수밖에 없다.

비록 분석의 출발점은 자본주의 문명의 "모호성"이지만, 그 모호성의 물질성을 드러내는 작업에서는 단순한 것이 어떻게 자리매김되어 있는가를 살펴볼 것이다. 제1장 "근대화와 세계화"에서는 근대화, 세계화와 더불어 등장한 자본주의의 보편적 편재가 어떠한 과정을 걸쳐 이루어졌는지를 알아본다. 제2장 "자본주의와 유일신 종교"에서는 그렇게 편재된 자본주의가 어떻게 우리의 정신에 착근되어 우리를 지배하기 시작했는지를 분석한다. 마지막으로 제3장 "시장의 유일신교"에서는 글로벌 자본주의 문명의 위기를 야기한 시장 이데올로기의 신비에 대해 살펴본다.

***

 이 책의 집필은 도서출판 푸른역사 박혜숙 대표의 구상에서 기인했다. 박혜숙 대표는 동서양 문화적 차이가 어떻게 의사소통의 장애를 야기했는지에 대해 유학 시절의 에피소드를 통해 가볍게 터치해 주길 바랐다. 하지만 일상의 경험을 통해 동서양의 문화적 차이를 부각시키는 일은 에피소드별로 나열하는 방식을 취할 수밖에 없어서 논리적으로 종합하기가 난감했다. 게다가 어떤 문제의식이 주어지면 그것을 가지고 일획 필지하는 나의 스타일과도 맞지 않았다.
 그래서 나는 동서양 문화적 차이라는 문제의 단초를 세계화에 대한 이해에서 시작했다. 그렇게 시작하고 보니 애초의 문제의식은 경험 영역에서 인식 영역의 문제로 바뀌었고, 문화적 차이의 영역에서 문화적 공통의 지점, 즉 자본주의에 대한 프리즘으로 변주되었다. 그 결과 나의 문제의식은 "자본주의가 어떻게 우리의 일상생활과 의식에 착근되었나"로 집중되었다.
 이를 사회과학적 개념으로 도출하기란 쉽지 않았다. 그래서 '인터레스트interest', 즉 이권利權이 어떻게 우리 생활을 지배하게 되었는지, 어떻게 세상의 지배 논리로 자리잡았는지에 대해 분석을 집중했다. 삶은 이권으로만 구성되지 않는다. 그럼에도 불구하고 현 사회는 이권이 삶의 방식을 지배한다. 자본주의는 바로 그러한 사회다.

그렇다고 이권을 버리고 삶을 조직하라고, 도덕적인 삶이 자본주의를 극복할 수 있는 혁명적인 길이라고 주장하고 싶지는 않다. 책에서도 밝혔듯이 자본주의에서는 이권이 이미 도덕적 권위를 가지고 있기 때문이다. 삶은 이권의 왕국과 삶의 왕국 사이의 선택 문제가 아니다. 삶의 이권을 적극적으로 재조직화하는 방식에 대한 새로운 비전을 만들어야 한다. 최근 활발하게 논의되는 생체정치bio-politique 문제도 이러한 맥락 하에 있다. 그러나 국내 학계에서는 그것의 밑그림조차 그리지 못했을 뿐만 아니라 그것에 대한 소개도 충분치 못했다. 이 때문에 관련 논의는 이 책에서 다루지 못하고 보류할 수밖에 없었다. 그만큼 아쉬움이 많다. 대신 자본주의를 이해하는 핵심 개념인 "이권" 혹은 "이자" 혹은 "화폐"에 대해서는 나름의 연구를 성실하게 담고자 했다. 이에 대한 열띤 사회과학적 논의가 이루어져 관련 연구가 더욱 진전되기를 바란다.

아직까지 한국의 사회과학도와 경제학자들에게 그것을 기대하기에는 너무나 거리가 있지만, 한국의 대학 현실은 그것을 학문적 대상으로 다루라고 강요하고 있다. 자본주의 문화에 포섭된 대학사회의 현실에 염증을 느껴 자퇴하는 사태가 이미 벌어졌기 때문이다. 고려대학교 여학생의 자퇴의 변처럼 대학교수와 경제학자들은 자본주의에 대해 얼마나 고민했고 그리고 얼마나 알고 있는가?

　진리를 찾는 전당으로서의 대학을 자본주의에 순응하는 인간 교육의 사육장으로 변하게 만든 것은 대학교수들과 기성세대의 책임이지, 결코 어린 학생의 책임이 아니다. 기성세대의 안이한 사고와 틀에 박힌 대학교수들의 문제의식은 어린 학생의 치기 어린 호기심을 지적 호기심으로 승화시킬 수 없었다. 어쩌면 대학교수들은 대학 담론은 진리의 담화가 아니라 진리의 이름 속에 기입된 권력의 담화라고 비판한 라캉의 말을 읊조리면서 대학의 현실을 자위하고 라캉의 비판을 무기력하게 만들지 모른다. 특히 시장 이데올로기를 강요하는 경제학 교과서의 저자들은 자신들의 대동소이한 연구를 통해 진리를 강론하는 것이 아니라 종교화된 신념을 공유하면서 자신이 정통 경제학을 하고 있다고 자위할지 모른다.

　하지만 그들이 간과하고 있는 것은 어린 학생들의 비판이 현실의 힘을 간과한 치기 어린 비판이라고 말할수록 정작 자신들이 주장한 논리가 자본주의의 권력게임에 활용되고 있다는 점을 모른다는 사실이다. 그래서 자본주의가 어떻게 우리의 일상을 지배하고 있는가를 한 번도 검토하지 않았던 것이다. 소위 좌파 경제학자들도 마찬가지다. 자신들이 경제 이데올로기를 비판하면 할수록 오히려 자본주의는 그 비판적 논리를 권력게임의 논리로 변주시켜서 더욱 철저하게 자본주의적 양식의 생산 문제로 변환시켰다. 종교화된 자본주의가 자본주의에 대한 믿음이 강할수록 더 강대해지고, 반대로 불신이 강할수록 더 성숙해진 것은 바로 이런 점 때문이다. 나의 시도는 이러한 자본주의의 야누스적인 특징을 드러내는 것이었으며, 그것이 어떻게 우리의 삶과 의식을 구획했는가에 대한 문제의식을 독자들에게 던져주는 것이었다. 이러한 의미에서 이 책은 나의 문제의식과 지적 여정의 출발을 알리는 신호탄이다.

끝으로 기존의 글쓰기와 전혀 다른 글쓰기 스타일을 구사한 탓에 많이 낯설었을 초고를 일일이 교정해준 푸른역사의 박혜숙 대표에게 우선 감사한다. 또한 이 책이 출간될 수 있도록 도서출판 푸른역사를 소개해준 메이데이 출판사의 박성인 대표, 집필을 독려해준 중소기업연구원의 표한형, 초고를 읽고 토론해준 안보경, 나승찬, 만화가 이도헌 씨에게 감사의 마음을 전한다. 무엇보다 어머니의 따스한 배려가 이 책을 완성할 수 있는 밑거름이 되었다. 감사드린다. 끝으로 어린 조카들, 현배, 민경, 주희, 창현에게 이 책을 헌사한다.

2011년 6월
부천의 지향산 자락에서 도강渡江

차례

서문　　　　　　　　　　　　　　　4

1장 근대화와 세계화　　　　　　　17

발전 논리의 신화　　　　　　　　　26
화폐의 마법　　　　　　　　　　　33
노동 이데올로기의 신화　　　　　　42
인클로저 운동　　　　　　　　　　47

2장 자본주의와 유일신 종교　　　　55

자본주의의 야누스　　　　　　　　60
　카탈락시 | 판옵티콘
인터레스트　　　　　　　　　　　76
하늘의 신과 땅의 신　　　　　　　83
리바이어던　　　　　　　　　　　97
　근대적 개인의 탄생: 이해와 열정 | 외사랑과 짝사랑의
　패러독스 | 광기와 효용주의의 접합

3장 시장의 유일신교   117

페어 밸류   119
레쎄 페흐   123
시장의 종교화   131
   오즈의 마법
금융의 세계화   149
   달러 지배 체제의 그늘 | 달러 지배 체제의 위기

말문   171

주석   177
찾아보기   198

1
근대화와 세계화

'근대화modernisation'와 '세계화mondialisation'가 무엇인가를 파악하기에 앞서, 그것과는 개념적으로 아주 상이한 '문명화civilisation'라는 단어가 있음에 주목하자.

★

'근대화modernisation'와 '세계화mondialisation'가 무엇인가를 파악하기에 앞서, 그것과는 개념적으로 아주 상이한 '문명화 civilisation'라는 단어가 있음에 주목하자. 근대화와 세계화라는 개념이 서양의 근대 문명을 전제하고 있기 때문이다. 서양의 근대 문명 속에 핵심적으로 자리잡고 있는 것은 발전developpement 혹은 개발의 논리다. 하지만 문명화라는 개념에서 발전의 논리가 필연적으로 상정되는 것은 아니다.

예컨대 아프리카 르완다인들은 '발전'이라는 단어를 '어떠한 구체적인 방향과 맥락 없이 진행되어 나아가다 변질되는 것'으로 이해한다. 자신의 지도자들이 서양의 근대 문명 혹은 자본주의 문명을 '발전' 혹은 '개발'이라 칭하면서 온갖 부정부패를 일삼았기 때문이다. 아프리카 카메룬인은 그것을 태양이 떠오르면 일터에 나가고자 하는 '백인들의 꿈'으로 받아들인다. 반면, 한국을 비롯한 아시아인들은 '발전'을 자신들의 전통 문화와의 단절 속에서 풍요로운 삶을 보장해주는 무엇, 즉 '정체되고 빈곤한 상태에서 벗어나는 것'으로 이해한다. 서양 근대 문명의 핵심 가치인 발전 개념에 대한 아프리카인들과 아시아인들 사이의 이러한 상반된 이해는 서양 문명이 인류의 보편적 가치가 아님을 반증한다.

그렇다면 서양인들은 자신들의 가치를 어떻게 이해할까? 먼저, 세계화라는 단어에는 세계를 지배하고자 하는 열망이 들어 있다. 세계화의 어원인 라틴어 '문두스mundus'는 하늘의 준거지로서 로마 교황이 주도한 십자군 전쟁처럼 자신의 고유한 가치를 전파하고자 하는 난폭한 광기를 포함한다. 하지만 이 광기에 대한 자기비판 또한 서양 문명이 만들어냈기 때문에 서양 문명은 광기와 이성의 역사가 동시에 공존하는 문명이라 할 수 있다. 그 때문인지 모르겠지만, 서양인들은 신-중심의 사고에서 파생된 광기의 문명인 중세 문명과 인권을 표방하는 이성-중심의 근대 문명을 대비시키기를 즐겨한다. 이를 역사의 발전이라고 표명하는 모습에서 확인할 수 있듯, 근대화와 세계화 개념들 속에는 이성의 합리화를 도모하는 개발의 논리가 핵심적인 지위를 차지한다.

그러나 문제는 개발 논리 자체가 문명화 과정에서 여전히 모호함만을 표출했다는 점이다. 왜 그러했을까? 정치적 주권(국가)과 경제적 주권(화폐) 간 분리/통합의 메커니즘이 부재했기 때문이다. 이는 보스턴 차 사건Boston tea party*의 사례, 즉 무역왕국 영국의 경제적 이해와 식민지 미국의 정치적 이해가 서로 충돌했던 사례에서 잘 나타난다.

발전의 관점에서 보면, 영국은 식민지 미국에 없던 관세 규정을 제도적으로 정비해 주었다는 점에서 일견 미국의 발전에 긍정적인 역할을 했다고 말할 수 있을 것이다. 그러나 이는 영국이 자신의 경제적 이해관계를 관철시킬 목적 하에 수행한 것이다. 사건이 미국의 관세 규정 정비가 아니라 영국 의회에서 만든 법률을 미국 시민이 자발적으로 복종해야만 하는가라는 문제로 비화된 것은 이 때문이다.

결국 사건은 영미 간의 전쟁, 미국의 독립전쟁으로 발전한다. 그리고 아메리카합중국(미국)이 탄생한다. 하지만 미국은 영국의 자유무역 정신을 그대로 계승한다. 이는 영국 동인도회사의 깃발을 모방한 미국의 국기에서도 드러난다. 사각형 위쪽 모서리의 13주를 상징하는 별 표시를 제외한 나머지 부분의 적백 가로줄 표식은 바로 영국 동인도회사의 깃발과 동일하다.

> **보스턴 차 사건 Boston Tea Party**
>
> 1773년 12월 16일, 미국 보스턴 지역의 상인들이 보스턴 항구에 정박해 있던 영국 동인도회사의 홍차를 바다에 던진 사건이다. 이 사건은 미국 독립전쟁의 계기를 제공했다는 점에서 역사적인 의의가 있다.
>
> 당시 대다수 보스턴 상인들은 영국산 홍차보다 가격이 싼 네덜란드산 홍차를 수입하고 있었다. 그런데 영국 의회는 동인도회사의 요

구에 따라 식민지 미국은 영국의 홍차를 수입해야 한다는 홍차 수입에 관한 관세법을 통과시켜 영국계 미국인들에게 이 법을 강제한다. 그러자 미국 상인들은 식민지 본국의 가상적 의회 법률은 미국 의회에서 만들어진 법률이 아니기 때문에 지킬 수 없다면서 강력히 저항한다.

그런데 이 사건의 배경에는 경제적 이해관계에 따른 충돌이 자리잡고 있었다. 당시 보스턴 상인들은 동인도회사의 홍차를 수입할 때 25퍼센트의 부가가치세를 부담해야 했다. 과도했다. 그래서 상인들은 세금을 회피할 목적으로 네덜란드산 홍차를 수입했다. 영국산 홍차가 네덜란드산 홍차에 비해 가격 경쟁력이 떨어졌던 것이다. 그러자 동인도회사는 영국 의회에 25퍼센트의 부가가치세를 면세해 달라고 요구한다. 영국 의회는 이 요구를 받아들인다. 대신 그에 따른 재정 부담을 덜기 위해 1767년 타운센드 소득세법 시행령 Townshend revenue act을 신설한다. 식민지 미국에 홍차 관세를 신설하여 동인도회사에게 주었던 특혜 비용을 식민지 미국으로부터 거둬들인 홍차에 적용된 관세 수입으로 보충하려 한 것이다. 영국의 식민지는 영국 국왕의 보호를 받기 때문에 식민지에서 필요로 하여 수입한 품목은 그에 따른 부담금을 지불하라는 취지였다.

그런데 식민지 미국에서 발생한 관세 수입을 영국 재정으로 편입한다면, 이는 사실상 식민지의 시민이 독자적으로 자신에게 필요한 물품을 선별할 수 없다고 전제하는 것을 의미한다. 이에 대한 영국계 미국인들의 반발은 자신이 직접 뽑은 대표자의 법률만을 따르겠

> 다는 쪽으로 모아진다. 그 결과는 1776년 미국 〈독립선언서〉의 핵심적 주장으로 표출된다. 영국 국왕에게 사법권과 식민지 의회 구성권을 청원한 것이다.

미국의 〈독립선언서〉(1776)는 영국 국왕과 식민지 영국계 미국인 간 갈등의 표출이다. 선언서는 폭정과 억압에 반대하는 시민들의 권리를 옹호하는 영국의 〈권리장전〉(1689)에 뿌리를 두고 있다. 〈권리장전〉은 왕과 시민 사이의 불협화음에서 탄생된다. 시민이 왕의 신적 지위에 의문을 제기한 것이다. 그러나 이는 시민이 왕에게 절대적으로 복종하던 관행을 바꾸어 상대적으로 복종하는 관행, 즉 '자발적 복종'을 정착시킨 것일 뿐이다. 왕에게 시민들의 권리를 보호해달라고 청원한 것을 보라. 미국의 〈독립선언서〉도 마찬가지였다. 영국계 미국인들이 영국 국왕에게 식민지에서의 사법권과 식민지 의회를 구성할 독자적인 권리를 청원했던 점은 영국 국왕에 대한 영국계 미국인들의 자발적 복종을 내포한 것이었다.

그런데 재미있는 점은 이른바 보스턴 차 사건에서 시발하여 〈독립선언서〉가 작성되기까지의 기간 동안 벌어진 영국계 미국인, 특히 백인들의 사고방식이다. 보스턴 차 사건은 영국계 미국인 상인들이 야만인(아메리카 인디언)으로 위장하여 일으켰다. 그런데 〈독립선언서〉에는 영국 국왕이 〈권리장전〉에 포함되지 않는 야만인(아메리카 인디언)과 연합하여 백인들의 청원권을 박탈

시켰다는 내용이 있다. 미국인의 주권(땅에 대한 신)의 논리 속에 이미 특정한 부류를 배제하겠다는 사고가 전제되어 있었던 것이다. 이는 미국의 〈독립선언서〉에 담긴 천부인권이 재산권의 형태 속에서 규정되었다는 사실에서 그 원인을 찾아야 한다. 모든 인간이 천부인권을 부여받은 것이 아니다, 야만 상태에 있는 사람은 재산권을 구성하지 않기 때문에 천부인권이 없다는 인식이 녹아 있었던 것이다. 이뿐만이 아니다. 야만인은 자신의 문명을 파괴(?)하는 존재이기 때문에, 정확히 말하자면, 자신의 문명의 확산을 막는 존재이기 때문에, 천부인권에서 배제할 수밖에 없다는 인식도 내재되어 있었다.

그렇다면 프랑스 혁명에서 만들어진 〈인권선언문〉(1789)은 위와 같은 영미 계열의 전통과 어떻게 다를까? 프랑스 〈인권선언문〉은 제1장부터 부르주아 의회에 의해 왜곡된다. "인간들은 권리상 자유롭고 평등하게 태어나서 살아간다. 사회적 차별은 공동체의 유용성 위에서도 근거가 될 수 없다Les hommes naissent et demeurent libres etégaux en droits. Les distinctions sociales ne peuvent être fondées plus que sur l'utilité commune"를 "인간들은 권리상 자유롭고 평등하게 태어나서 살아간다. 사회적 차별은 공동체의 유용성 위에서만 근거가 될 수 있다Les hommes naissent et demeurent libres etégaux en droits. Les distinctions sociales ne peuventêtre fondées que sur l'utilité commune"로 만들었던 것이다.

프랑스어에서는 'ne~plus que(더 이상 ~이 아니다)'를 'ne~

que(오직 ~할 뿐이다)'로 바꾸면 위와 같은 현상이 발생한다. 즉 사회적 차별을 부정하는 문장에서 '쁠뤼plus'한 단어만 빼버리면 사회적 차별을 용인하는 강한 긍정문으로 변해버린다. 이러한 왜곡은 현실에 막대한 영향을 끼친다. '쁠뤼plus'를 빼앗겨버리면 〈인권선언문〉이 인권을 거세한 영미식으로 변질되고, 그것을 되찾으면 인권 보장을 주장하는 혁명 투쟁의 사상적 토대로 기능할 수 있기 때문이다. 실제로 부르주아 의회는 사회적 차별을 용인함으로써 인권을 무시했다. 그리고 그 덕분에 혁명이 발생했다. 단어 하나로 인해 너무나plus 엄청난 일이 벌어진 셈이다.

이와 같은 엄청난 사실을 1948년 유엔의 〈인권에 관한 보편선언문〉 제1장에 숨겨진 신화 체계를 통해 다시 살펴보자. 유엔의 〈인권선언문〉 제1장은 "모든 인간은 존엄성을 가지며 자유롭고 평등한 권리를 가지고 태어난다. 그것들을 지키기 위해서는 이성적으로 그리고 양심적으로 참여해야 하며, 서로에게는 형제애로써 협력을 도모해야만 한다"[4]고 되어 있다. 한글로 번역된 글을 보면 누구나 납득이 가능하여, 별 문제가 없어 보인다. 하지만 라틴어로 보면 의미심장한 무언가가 숨겨져 있다.

내가 주목한 것은 라틴어 '아겐둠Agendum'이다. '아겐둠'은 동사 '아게레agere'의 미래수동형 분사로, '무언가를 위해 행동해야만 하는 것'을 뜻한다. 프랑스어로는 '아지르agir' 동사에 해당하지만 영어로는 의사일정을 뜻하는 '아젠다agenda'의 복수형이 바로 '아겐둠agendum'이다.

'아젠둠'의 어원은 그리스 신화로 보인다. 그리스 신화에 나오는 아게노르Agenor에게는 두 아들과 한 명의 딸이 있었다. 큰 아들은 카드무스cadmus, 둘째 아들은 실릭스cilix, 그리고 막내딸은 유로파Europa라 불렸다. 유로파는 너무나 귀엽고 사랑스런 여인이었다. 꽃이 활짝 핀 봄날, 유로파는 친구들과 함께 나들이를 나갔다. 초원에서 꽃을 따면서 재미있게 놀고 있는데, 어디선가 흰 소 한 마리가 나타나 입으로 꽃을 따주는 것이었다. 소녀들은 금세 흰 소 곁으로 모여들었다. 유로파는 처음에는 무서워 망설이다가 곧 흰 소와 친구가 되었다. 그 소는 유로파에게 자신의 등을 올라타라고 머리를 흔들면서 그녀를 유혹했다. 유로파는 아무 생각 없이 소의 등에 올라탔다. 그러자 갑자기 소는 난폭하게 달리기 시작하여 어디론가 사라져버렸다. 나중에 알게 된 것이지만, 유로파를 사랑한 제우스신이 그녀를 크레타Creta 섬에 숨겨 놓고 사랑을 즐겼던 것이다.

동네사람들은 신들의 신 제우스에 대항하여 유로파를 구출할 엄두를 내지 못했다. 하지만 카드무스와 실릭스는 달랐다. 신들에 맞서 어린 동생을 구출하고자 여정agenda을 떠난 것이다. 그러나 카드무스는 여정 도중 신탁을 듣게 되고 결국 여정을 포기한다. 그는 포기의 대가로 테베의 왕이 된다. 재미있는 점은 테베의 왕국이 재산권과 재산 상속권을 가진 귀족에 의해 통치되며, 희생제를 통해 공동체의 단합을 도모했던 왕국이라는 사실이다. 반면, 끝까지 유로파를 찾은 실릭스는 유로파를 구출하여 마침내 미네르바에서 왕국을 이루었다고 한다.

〈인권선언문〉을 작성한 이가 어떤 의미로 아젠둠을 썼는지는 잘 모르겠다. 하지만 너무나 천재적인(?), 아니 너무나 유럽적인(!) 단어 선택이었다고 생각된다. 이 단어의 선택은 이미 영미식 전통과 다른 왕국의 길을 예시한 듯하다. 비록 인권에서는 서로 형제애로써 동맹을 맺고 있지만, 신에 대항하여 끝까지 투쟁하는 저항 정신으로써 인권을 구출했던 프랑스 혁명이, 신탁(혹은 재산권)에서 인권을 중도에 포기한 영국의 명예혁명과 미국의 〈독립선언서〉보다는 더 인권을 보장할 수 있다는 사실을 보여주었기 때문이다. 그리고 그래야만 위기에 처한 유럽(유로파)을 구출할 수 있고 동방(미네르바)과 화합하면서 평화롭게 살 수 있다는 사실을 암시했기 때문이다.

발전 논리의 신화

'발전developpement' 이라는 단어를 어원적으로 분석하면, 새의 날개처럼 접힌envelopper 부분을 펼치는developper 것을 의미한다. 그렇다면 근대 문명은 접혀 있는 무엇을 펼친 것일까? 바로 생산기술이다. 전근대 문명에서 생산기술은 동서양을 막론하고 공통적으로 접혀 있었다. 예를 들어, 정주민의 풀뿌리 문명(중국 문명)의 경우, 생산기술은 인구수와 사회 조직에 의해 재현되었을 뿐 기술 자체가 우선시되어 인구수와 사회 조직을 설명하는 틀로 쓰이지 않았다. 생산기술을 결정하는 것은 기술 자체가 아니었다. 풀뿌리 문명에서 주는 울타리의 규모를 나타내는 영토였다.[5]

고대 그리스의 도시 문명에서도 생산기술은 특권화되지 못했다. 하지만 그 이유는 풀뿌리 문명과는 다르게 도시의 규모 때문이 아니라 기술(테크네τέχνη)에 대한 인식론적 억압 때문이었다. 고대 그리스에서 기술은 존재론적으로 시초 혹은 시말이 아니라 중간항으로 자리매김되었다.[6] 또한 노예노동에서 쓰이는 기능 정도로 사고되었을 뿐 도시공동체의 자유 영역이 아니었다. 그래서 그리스 문명에서는 기술 자체의 고유한 동학이 만들어질 수 없었다.

반면, 근대 문명(자본주의 문명뿐만 아니라 사회주의 문명)에서는 전근대 문명에서 접혀 있던 기술을 펼치면서 산업을 탄생시켰다. 그렇게 탄생한 산업이 산업을 낳고, 또 그것이 다양하게 혼성교배hydride를 이루면서 마침내 사회 내부에 갇혀 있던 경제가 펼쳐졌다. 경제는 이 과정에서 특권화된다. 그러나 그것이 심화되면 될수록 사회가 경제 속에 감금되었다. 이런 점에서 근대 문명은 경제가 비상하여 경제를 특권화시키는 신화 체계다. 말하자면, 근대 문명은 경제·이데올로기의 생산 체제다.

《경제 발전의 이론》(1934)의 저자 조지프 슘페터Joseph Schumpeter는 "발전이란 경제가 스스로 만들어내는 경제생활의 순환 과정의 변화들"[7]이기 때문에, 경제 발전을 이루기 위해서는 경제가 스스로 자기조직화되는 원리를 사회 속에 각인시켜야 한다고 강조한다. 그래서 경제학자들이 인구의 증가와 부의 증가에 의해 만들어진 '경제 성장'과 경제의 자기조직화를 뜻하는 '경제 발전'과 구분하여, 더욱 더 사회적 유대관계를 파괴시키는 경제 이데올로기를 유포시키고 있는지도 모르겠다.

하지만 경제 발전을 위해서는 사회적 유대관계의 해체가 필연적이라는 주장이 근대 경제학자들만의 전유물은 아니다. 사법적 질서에서도 경제적 질서는 통제받지 않고 자유방임되었다. 강제 수단을 행사하는 사법적 질서가 경제적 질서를 제약하지 못한 이유는 무엇 때문일까? 경제적 질서가 기술의 펼침에 따른 새로운 상황의 도래를 만들어냈기 때문이다. 기술은 미래의 가능성을 미래에 대한 가능성으로 변환시켜주는 유토피아를 만든다. 현재와 과거에 기반을 둔 사법적 질서가 무기력할 수밖에 없는 것은 이런 이유에서다. 어쩌면 슘페터는 그것을 너무나 잘 인식한 나머지 기술혁신innovation을 부각시키고 미래를 조직하는 기업가 정신을 그토록 강조했는지도 모르겠다. 그래서 "창조적 파괴"와 "파괴적 창조"를 만드는 기업가의 정신이 인류의 비전vision인 것처럼 찬양했는지도 모르겠다.

전근대 문명이 땅과 사람 사이의 관계를 토대로 만들어졌다면, 근대 문명은 기술과 사람 사이의 관계에서 이루어졌다고 말할 수 있다. 그렇지만 전근대 문명이 모두 동일한 양태를 띠고 있었던 것은 아니다. 서양과 동양에서 각기 다른 특징을 보였다. 이를 한 마디로 정리해보면, 서양적 특징은 도시 문명이었고 동양적 특징은 풀뿌리 문명이었다. 물론 풀뿌리 문명에서도 도시가 서양처럼 성곽을 중심으로 형성되긴 했다. 그러나 폴리스polis가 존재하지 않았다.[8] 이것이 서양과의 결정적 차이다.

막스 베버Max Weber에 따르면, 동양의 도시는 나름의 정치적 특징을 지닌 공동체가 아니었기 때문에 도시를 지키는 군인 신분의 시민 계급이 부재했다고 한다. 이에 대해 중국의 춘추전국 시대 제후국들은 서양의 도시처럼 폴리스적인 특징을 보이지 않았나라는 의문을 제기할 수 있다. 그러나 제후국들은 농촌과 도시가 결합된 하나의 공국과 같았다. 따라서 서양의 도시 문명처럼 약탈과 상업으로 자신의 생존을 유지한 공동체로서의 도시라 보기 어렵다.

동서양 도시의 특징 중에서 베버가 중요하게 생각했던 점은 서양의 도시는 해양 도시였고 동양의 도시는 내륙 도시였다는 사실이다. 베버는 특히 내륙 도시는 황제의 행정적 필요에 따라 만들어졌고 그러한 기능을 충실히 수행했던 점을 강조한다. 이 같은 차이는 왜 서양의 도시 문명에서 자본주의가 탄생되었는가라는 의문 해결의 단초 제공으로 이어진다. 베버는 박사학위 논문에서 자본주의 문명의 기원을 중세 상업도시 베네치아에서 죄수들을 이용하여 상품을 생산한 사례에서 찾는다. 하지만 베버의 분석은 마르크스Karl Marx의 생산양식론에 너무나 강력하게 영향을 받아서 그 근거를 찾다보니, 협업을 통한 매뉴팩처 체계와 죄수를 이용한 병영적 생산 체계 사이의 흡사한 측면만을 부각시킨 주장이다.

내가 관심을 갖는 것은 정태적인 '생산양식론'이 아니라 동태적인 '양식의 생산론'이다. 따라서 죄수 노동의 조직 형태가 협업 기술을 펼칠 수 있는 가능성을 보여준 점을 강조하고 싶다. 기술이 전통적 유대관계, 즉 땅과 사람과의 관계를 파괴하지 못했다면 기술의 자립화가 이루어질 수 없었을 것이다. 그렇기 때문에, 사회적 유대관계를 파괴하지 않고도 자본주의적 생산양식을 적용시킬 수 있는 집단은 죄수와 같은 특별한 존재일 수밖에 없었다. 이는 자본주의적 생산양식이 인간의 자연적 리듬을 파괴하는 인간이 발명한 가장 사악한 생산양식이자 그 생산양식을 끊임없이 생산하는 기계와 같은 것임을 의미한다.

중세 시대 기술자 집단인 길드 조합이 특권적 지위에 올라서서 전통적 유대관계를 파괴시키는 동력을 만들 수 있었던 것은 기술의 펼침이 인클로저enclosure 운동(울타리치기 운동)과 결합되었기 때문으로 보인다. 슘페터가 《경제 발전의 이론》에서 간과한 부분이 바로 마르크스가 《자본》에서 그토록 강조했던 시초적 폭력의 역사인 인클로저 운동이다. 이런 점에서 슘페터의 기업가 정신은 낡은 기술을 파괴하고 새로운 기술을 탄생시키는 길드 모형의 장인 정신으로 미화시키기보다는 사회적 유대관계를 파괴하는 정신이라 부르는 편이 더 합당하다. 그래야만 자본주의가 끊임없이 유포하는 기술적 유토피아의 함정에서 벗어날 수 있다.

　기술적 유토피아에 실제로 저항했던 기계 파괴 운동(러다이트 운동Luddite movement)은 기술의 특권화가 인간의 권리를 등록시키면서 동시에 배제시키는 야누스의 얼굴을 가졌음을 보여준다. 인권이 배제되었던 사람들, 특히 실업자들의 입장에서 보면, 기술은 미래의 새로운 가능성이 아니라 자신의 인권과 미래를 고갈시키는 프랑켄슈타인Frankenstein과 같은 괴물이었다. 그 괴물을 타격하는 것이 자신의 희망이었음은 물론이다. 역사의 불가역성이라는 점에서는 돈키호테Don Quixote처럼 보일지라도 그들의 메시지는 너무나 분명했다. 사회적 유대관계오 인간의 자연적인 리듬을 앗아가는 기업가 정신이 오히려 돈키흐테적인 현상일 뿐이라는 것이다.

　돈키호테에게는 두 가지 캐릭터가 존재한다. 하나는 정의의 기사이고, 다른 하나는 그 정의가 세상 물정과 어울리지 못하여 형성된 난봉꾼이다. 프랑켄슈타인도 마찬가지다. 인류의 질병과 육체적 나약함을 막기 위한 메커니즘을 만드는 과학 정신이 하나라면 다른 하나는 그 정신이 제조한 기계인간이 변질되어 만들어진 인간을 잡아먹는 난봉꾼이다. 두 소설의 메시지는 분명하다. 기술이든 과학이든 정의든 사회적 유대관계와 융화되지 못하면 비극을 탄생시킨다는 것이다. 이러한 주장은 자본주의 초기 단계의 근대화 풍자 소설에서도 엿보인다.

　시장 유일신교를 표방하는 세계화의 핵심논리인 경제 발전의 신화와 현실[9]은 1989년에 이르러서야 세계은행의 존 페세John Pessy를 통해 사회적 유대를 고민하는 "영속성 있는 발전durable development" 혹은 "지속 가능한 발전sustainable development" 개념을 제출한다. 하지만 지속 가능한 발전 개념에 등장하는 생태 중심성과 인류 중심성은 과학기술을 (생체)복지와 환경을 접합시킨 것일 뿐이다. 일견 경제 발전이 환경 파괴라는 후유증을 동반했다는 사실에 대한 지각으로 보일지도 모르겠다. 그러나 실상을 들여다보면 환경 파괴를 치료하는 환경 산업을 육성하기 위해, 국가 및 국제기구가 투자하여 환경 시장을 창출하고 환경 기술로 환경 파괴를 퇴치하자는 주장일 뿐이다.

발전 개념은 발전 과정에서의 공해 유발을 어쩔 수 없는 현상으로 간주한다. 여기에 공해가 발전의 지속 가능성을 저해하므로 공해를 퇴치하는 새로운 환경 산업에 투자하여 시장의 부조리를 극복할 수 있는 새로운 시장을 창출하자고 덧붙인다. 마치 할리우드 영화 〈드라큘라〉에서 드라큘라가 주인공에 의해 자신이 패배할지라도 자신의 계승자를 남기는 것처럼, 결국 기술에 의한 디스토피아도 기술을 통해 유토피아로 만들 수 있다는 주장이다. 이와 같은 발전 논리에서 발전의 후유증은 지속 가능한 발전을 가능하게 하는 기술이 아직 만들어지지 않아서 혹은 그러한 기술을 갖추고 있지 못해서 나타난 현상으로 치부된다. 그리고 그러한 논리의 한가운데에는 언제나 화폐의 마법이 도사리고 있다.

화폐의 마법

화폐의 마법은 부富(재산)를 취득하는 기술을 반복적으로 수행하는 기계와 같다. 이 마법은 기계가 가지는 원리, 즉 대상물의 메커니즘적인 원리를 우리의 정신에 끊임없이 반복적으로 각인시키는 문화적 장치와 결합되어야만 발휘된다. 마치 지속 가능한 발전 개념에서 기술이 문화와 결합될 때에만 그 유용성을 획득하는 것처럼, 부를 취득하고자 하는 화폐의 마법도 지속적으로 인간의 정신 속에 혹은 한 사회의 문화 속에 수용되어야 한다는 것이다. 다시 말해, 끊임없이 부를 취득하려는 열망에 사로잡히게 만드는 문화적인 강제 장치가 존재해야만 한다.

기계는 특정 기능을 구조화시키는 자동장치다. 산업 기술은 그러한 특정 기계를 인간 문화에서 수용한 결과물의 재현일 뿐이다. 이는 기계의 자동장치에 구조화된 기능이 특정 산업에서 혹은 인간 사회에서 그 의미를 결정하지 못했다는 뜻이다. 이 의미를 결정하는 존재는 부를 취득하는 기술과 결합될 때에만 모습을 드러낸다. 말하자면, 기술이 부를 취득하는 것이 아니라 화폐 자체가 부를 취득하는 기계로 배치되어야 가능한 것이다.

'기술 자체'와 '부를 취득하는 기술'을 구분해야 하는 이유가 바로 여기에 있다. 고대 그리스 문명은 기술 자체는 대상물의 논리 혹은 그것의 구조를 밝히는 과학의 산물이기 때문에 자유로운 정신 속에서 만들어진다고 보았던 반면, 부를 취득하는 기술은 오직 부의 취득 용도에 종속되었기 때문에 노예의 정신에 속한다고 보았다. 테크네techne를 에피스테메episteme에 종속했던 것은 이런 이유에서다. 마찬가지로 오이코노미아Οικονομία(경제 혹은 가계의 규범)를 바라보는 관점에서도 '부를 취득하는 예술'을 뜻하는 크레마티스티코스chrèmatistikos와 구분했고, 크레마티스티코스도 오이코노미아의 종속범주로 보았다.[10]

이와 같이 전체범주(에피스테메, 오이코노미아)와 그것의 부분범주(테크네, 크레마티스티코스)를 구분하는 관점은 고대 그리스 문명의 독특한 특징 중 하나로서 인간관계를 주인(혹은 자유인)과 노예의 관계로 구분하는 의식 구조가 투영된 것이다. 고대 그리스인은 노예를 베틀과 같은 "생산production의 도구"가 아니라 "자신의 삶이 유용하게 쓰이도록 운명화된 활동action의 도구"이자 "소유물"로 이해했다. 고대 그리스인은 노예를 우리문화와 아주 상이하게 이해하고 있었던 것이다. 예를 들어 우리가 일상적으로 "너는 장차 커서 훌륭한 사람이 되어라"[11]라고 할 때 그 말은 사회에 유용한 사람, 즉 훌륭한 재목으로 쓰이도록 하라는 뜻이다. 이를 고대 그리스인의 의식 구조로 해석하면 "너는 장차 노예의식을 갖고 살아라!"는 말과 상통한다. 반면, 서양인의 사고 습관에서 '훌륭하다'는 동양 문화에서 강조한 "사회적 유용성"보다는 자유인의 의식 구조인 "자기세계의 실현"이다.

근대의 도래와 더불어 크레마티스티코스는 마침내 자기세계를 구현할 수 있었다. 고대 세계에서는 화폐의 증식 운동을 사회 정의를 좀 먹는 것으로 보고 천대했다. 하지만 근대 세계에서는 오히려 화폐가 사회를 구성하는 원리로 작용했고, 여러 상품 세계뿐만 아니라 다양한 문화 세계를 사회적으로 "통합intégration"했다. 그러다가 마침내 화폐는 자립적 자기 운동을 전개하면서 모든 낯선 세계를 자신의 운동 속으로 편입시킨다. 이것이 바로 화폐가 만드는 마법의 실체다. 화폐의 마법은 부동산에 긴박된 정주민의 삶을 벗어나 노마드nomade처럼 부유하는 유목인의 삶을 실현시켰다. 그래서 보헤미안처럼 떠돌아다니면서 드라큘라dracula 바이러스를 퍼뜨리고 다양한 세계를 통합할 수 있었던 것이다.

브람 스토커Bram Stoker의 소설 《드라큘라》(1897)는 이러한 화폐의 자기 운동이 제국주의적으로 팽창하던 시기에 발간됐다. 이미 19세기 초부터 등장하기 시작한 흡혈귀vampire 소설에서는 화폐의 자기 운동이 정주민의 삶을 파괴하는 양상에 대한 묘사가 붐을 이루었다. 배경은 노동지대, 생산물지대, 화폐지대를 걸치면서 탄생된 화폐 축적 동기의 결과로 나타난 인클로저 운동이었다. 《드라큘라》의 주인공 조나단 하커Jonathan Harker는 드라큘라의 해외 부동산 투자를 법정에서 변호하기 위해 고용된 변호사였다. 그러나 드라큘라의 성안에 갇히고 그의 여행길을 따라다니며 변호사가 아닌 청취자(hark+er)로서의 삶을 살게 된다. 이는 화폐의 자기 운동에 포섭된 삶이 얼마나 자기 소외를 강화시키는지를 보여주는 것이다. 마치 십자군 전쟁 이후 템플 기사단이 귀족들을 보호하면서 화폐(어음)를 발행하여 자신의 세력을 키웠지만 결국 교황과 프랑스왕의 음모에 처단당하는 모습과 흡사하다. 중세 유럽에서 템플 기사단, 특히 장미십자 기사단은 최초로 유럽에서 은행을 만들었고 기독교 국가의 왕들에게 이자놀이를 했다. 그러다가 교황과 프랑스왕의 음모에 빠져 13일 금요일 노트르담에서 처단당했었다.[12]

그 숨은 역사적 사건을 드러내주는 이름 드라큘라는 14세기 중엽에 탄생된 비밀집단 드래건 기사단의 상징이었다. 드래건 기사단은 십자군 전쟁 때 자신의 적 오스만튀르크 제국을 물리치기 위해 헝가리의 시기스문드 왕이 만든 비밀 기사단으로서 이들의 상징은 영겁회귀를 뜻하는 우로보로스ouroboros였다. 그런데 우로보로스는 화폐의 순환 운동에서 만들어진 야누스Janus의 얼굴이었다. 이집트 상형문자에서 우로보로스는 광주리에 앉아 있는 거대한 뱀 우나스Unas인데, 이는 뱀들이 서로 뒤엉켜 있는 모습을 나타낸다. 말하자면, 여성의 뱀이 남성의 뱀을 물고 또 남성의 뱀이 여성을 물고 있는 형상이다. 하늘과 땅이 서로 맞물려 돌아가는 것처럼, 우주도 그렇게 영겁회귀를 한다는 표현이다. 이러한 특징은 나중에 야누스처럼 반은 남자, 반은 여자로 형상화된다.

만일 이 상징이 화폐의 특성이라 한다면, 나머지 반의 특성은 무엇일까? 그것은 바로 빚debt이다. 그래서 화폐의 순환 운동에서 만들어진 것은 언제나 부채의 순환 운동과 함께한다. 부채의 순환과 화폐의 순환이 서로 맞물려 움직이는 것은 화폐가 낮에 활동하고 부채가 밤에 활동하는 것과 흡사하다. 화폐가 낮에 활동한다 함은 화폐가 상품 공간을 통합한다는 뜻이고, 부채가 밤에 활동한다 함은 부채에 따라 화폐 순환에 위기가 발생한다는 의미다. 만일 부채가 신용을 경색시키면 화폐 경제는 곧바로 상품 순환의 위기로 나아갈 것이다. 그 위기는 오직 화폐가 화폐인 사실, 다시 말해 오직 화폐만이 빚을 청산하는 수단으로 작용하는 특성을 더욱 확장시켜야 벗어날 수 있다. 회계학에서 자산을 차변과 대변으로 나누어 살피는 것도, 빚과 자본금으로 나누는 것도 사실상 화폐의 야누스적인 성격을 드러내는 것이다. 이렇게 화폐와 신용이 서로 맞물려 순환하는 것이 바로 자본주의 경제의 가장 중요한 특징이다.

정통 경제학자들이 화폐가 무엇인가를 질문하지 못하는 이유 중 하나는 화폐의 마법이 만드는 야누스의 특성을 제대로 이해하지 못했기 때문이다. 카를 마르크스의 《자본》(1867)은 화폐의 야누스적 특징을 상품의 가치 개념에서 시작하여 사용가치와 교환가치의 이중성으로 설명한다. 그리고 그 이중성의 배후에 구체노동과 추상노동의 이중성이 자리잡고 있다고 분석한다. 하지만 끝내 화폐/빚의 상관성은 명쾌하게 설명하지 못한다. 화폐를 일반적 등가물로서의 상품으로 사고했기 때문이다. 생전에 《자본》 2권과 3권을 간행하지 못했던 결정적인 이유도 바로 여기에서 찾아야 한다. 화폐 경제에서는 화폐가치(가격)의 합과 노동가치의 합이 일치되고 이윤과 잉여가치가 일치된다는 대전제에서 가치 창출의 원천을 노동자의 노동으로 설명할 수 있지만, 부채 경제에서는 가치 창출의 원천이 노동보다는 자본의 경영 활동에서 더 효과적으로 설명되기 때문이다.

마르크스는 자신의 가치 이론은 상품의 사용가치에서 가치를 사고하는 것이라고 강조한다. 하지만 오히려 부채 경제의 논리에서는 가치에서 사용가치가 만들어진다.[13] 즉 생산이 소비를 만드는 것이 아니라 소비가 생산을 만드는 것이 자본주의 화폐 경제, 정확히 말하자면 화폐의 상품 생산 경제에 더 적합한 논리 구조다.

그럼에도 불구하고 마르크스는 고대 그리스 경제에서는 '상품–화폐–상품' 도식의 오이키노미아 세계가 '화폐–상품–화폐' 도식의 크레마티스티코스 세계를 분배의 정의 속에서 정치적 혹은 윤리적으로 지배했지만, 근대 자본주의 경제에서는 크레마티스티코스의 세계가 드라큘라처럼 오이키노미아 세계를 지배했을 뿐만 아니라 분배의 정의를 실종시켜 힘의 우위에 따라 분배가 결정되도록 만들었다고 강조한다. 특히 계급 간 소득(임금, 지대, 이윤)이 생산성이 아니라 오직 계급투쟁에 따라 분할된다고 주장한다. 이러한 마르크스의 관점은 자본주의의 원시적 폭력성과 더불어 형성된 지배 계급의 폭력성을 정확히 포착한 것이었다.

마르크스의 영향을 받은 게오르크 짐멜Georg Simmel의 《화폐의 철학》(1900)은 칸트적인 인식론 하에 화폐의 야누스적 성격을 주체의 의식 속에서 욕망의 상관물로 재현되는 가치valeur와 가치화valorisation의 심리적 과정을 탄생시키는 대상성objectivité 간의 관계로서 재현한다. 이는 "경제적 교환은 언제나 유용한 재화의 희생을 재현한다"고 한 말 속에 담겨 있다.

일반적으로 생각하면, 경제적 교환은 자신이 필요한 재화를 획득하는 것이다. 그럼에도 불구하고 짐멜은 재화의 희생을 재현하는 것이라고 말했다. 무슨 뜻인가? 이는 상품들의 순환 운동을 매개해주는 가치의 표상으로서의 화폐와 그것을 증식하고자 하는 개인적 욕망을 동시에 표현한 말이다. 시장의 상호의존성과 교환-희생의 관계는 경제적 가치를 교환가치(혹은 화폐)로 동화시키지만, 인간의 내면에서는 이러한 동화와 대립하여 두 가지 양태가 나타난다는 것이다. 먼저 화폐 보유자에게 화폐는 자신의 충동을 즉각적으로 실현시킬 수 있는 쾌락의 담지자로 표상된다. 반면 화폐 비보유자는 쾌락의 지연에 따른 다양한 불만과 그러한 불만을 해소하기 위한 노력을 표출한다. 본능 충족의 좌절은 더욱 더 본능 충족을 위한 집착을 만들어낸다. 화폐 비보유자가 화폐를 보유하기 위해 노동을 감내하는 모습을 보라. 이런 점 때문인지 몰라도 자본주의는 노동하면 본능을 충족할 수 있는 길을 열어주었다.

이를 정신분석학적으로 보면, 자아와 이드id의 관계로 설명할 수 있을 것 같다. 자아는 무의식적 실체인 이드와 명시적으로 구별되지 않는다. 이와 관련하여 프로이트Sigmund Freud는 "자아는 이드의 겉포장"이라고 말한다. 그러나 만일 자아가 외부 세계와 경계를 가질 수 없는 병리학적 현상이 발생할 경우, 예를 들어 '너와 나는 하나'라고 착각하는 경우 그 자아는 자신의 감정과 사고까지도 자신의 것이 아닌 이질적인 것으로 사고하여 자신의 자아에서 비롯되는 일을 외부 세계의 탓으로 돌려버린다. 즉 화폐 보유자와 비보유자 간의 실제적 차이를 내면에서 무화시키면 유아기적 단계로 퇴보하는 병리학적인 증세를 만들게 된다. 이와 같이 자아와 외부 세계의 경계 짓기가 완성되지 않는 상태는, 나의 어렸을 때를 비추어 생각해보면, 엄청난 당혹감을 선사한다.[14]

동물 세계에서 사자는 배고프면 곧바로 자신의 본능을 충족시키려 사냥을 한다. 반면 군집 동물인 인간은 본능을 독특한 우회로를 거쳐서 실현시킨다. 음식백화점에 전시된 맛있는 음식을 먹고 싶다고 하자. 인간은 그것을 곧바로 먹지 않는다. 은행에서 발행한 이상한 종이쪽지를 얻은 다음에 그것을 주고 나서야 비로소 먹는다. 주목할 점은 이러한 이상한 행동이 근대 서양 문명의 시민화를 결정짓는 특징 중 하나라는 사실이다.

그렇다면 어째서 이런 이상한 행동을 하는 걸까? 이것을 이해하기 위해서는 동물적인 충동을 억압하는 쾌락의 원리와 그에 따른 현실의 원리가 어떻게 교환 혹은 희생되는지를 분석해야 한다. 정신분석학자 크리스토프 보르만스Christophe Bormans에 따르면,[15] 유아기 단계의 나르시시즘적(혹은 자기애적) 충동이 충동의 대상물로 대체되는 '이상형idéalisation'을 구축하면서 쾌락의 원리를 간접적으로 실현시킬 경우 현실에서는 그것이 신경증으로 나타난다고 한다. 반면 이상형이 불만족을 의식하여 죄의식을 만들면 현실에서는 편집증으로 나타난다고 한다.

또한 충동의 대상과 목적이 화폐로 표상되는 것은 무의식 속에서 충동이 '승화sublimation' 되었기 때문이다. 이는 항문기의 성욕(배설의 욕망)이 새로운 대상과 교환되는 과정에서 쾌락의 원리가 무의식적으로 억제된 것이 그 원인이다. 여기서 충동의 승화 작용은 무의식 속에서 비성적 대상과 성적 대상이 서로 교환된다는 의미다. 이것이 현실에서는 사랑을 희생시키면서 스스로 만족을 얻거나 사랑의 희생을 통해 자기실현을 이루는 쪽으로 표출된다고 한다. 아니면 사랑에 대해 자신의 의지만을 고집하는 모습을 만들어낸다고 한다.

화폐의 마법에 따른 병리학적인 심리 구조는 경제의 자기조직화 혹은 화폐-노동의 교환 메커니즘에서 사회적 유대관계를 구성하는 시장질서의 주요한 기반이다. 근대의 발전 논리는 이러한 병리학을 재생시키는 자폐증이다. 물론 프로이트의 정신분석학은 화폐가 소유물로 등장하여 화폐의 비소유자에게 노동을 강제시키는 장치로서 자리매김되는 현실을 언급하지 않는다. 프로이트는 지배 계급과 피지배 계급 간의 계급적 대립이 아니라 서구 문명을 형성했던 정신세계(오이디푸스 콤플렉스와 기독교)를 분석 대상으로 삼아 인간의 내면 구조를 이해하려 한다.[16] 이는 프로이트 이후에 자본과 노동 간의 경제 순환 메커니즘을 주장하는 경제의 일반이론이 나왔기 때문으로 보인다. 그러한 일반이론 가운데 위스콘신학파의 창시자 존 커먼스John Commons는 《은행가 자본주의》에서 화폐-노동의 교환을 만든 자본주의 경제가 왕(국가)과 부르주아 계급 사이의 법적 계약 혹은 협약convention을 통해 지배와 피지배관계를 제도적으로 내재화시켰다고 주장한다. 이 협약의 핵심은 "오직 화폐만이 노동을 규율한다!"는 법적 제도다.

노동 이데올로기의 신화

"노동이란 무엇인가?"라는 고전철학적인 질문이 제기되기 시작한 것은 좀 더 최근의 일이다. 이러한 질문은 실업의 지속적인 확대로 인해 고용이야말로 인간의 경제생활의 시작이라는 인식에 의문이 제기되면서 등장했다. 평생고용 시대의 종언과 더불어 '고용노동=노동'이라는 환상이 점차 깨지기 시작했다. 물론 이 환상의 붕괴는 피고용자(혹은 노동자) 스스로에 의해서기보다는 고용자의 고용 정책 변화에 의해서 야기되었다.

 그렇다면 고용노동의 신화는 어떻게 시작되었을까? 그것은 고용노동이 여타의 노동, 즉 농업노동 및 독립적 수공업자의 노동보다 생산성이 뛰어났기 때문에 자연스럽게 만들어졌다. 근대적 생산방식은 인간 노동을 기술 논리의 질서(혹은 기계적 공정)에 배치하기 시작했고, 그 결과 엄청난 노동 생산성의 향상을 실현시켰다.

초기 경제학자들도 대체로 이러한 견해를 드러낸다. 경제학자들은 '부richesse를 증대시키는 요인이 무엇인가'에 대해 관심을 가졌었다. 노동가치론을 주장한 애덤 스미스Adam Smith는 스승인 허치슨의 "노동 분업이 교환의 원인이다"라는 관점을 발전시켜, 노동 분업에서 이기적 본성을 가진 경제적 인간형(호모 에코노미쿠스Homo economicus)이 만들어지고, 이 경제적 인간형이 교환을 통해 부를 증식시킨다고 보았다. 부가 노동과 교환의 결합에서 생산된다고 사고했던 것이다. 스미스와 마찬가지로 노동가치에 주목한 데이비드 리카도David Ricardo는 스미스가 생각했던 교환관계보다는 생산 과정에서 부가 증대되는 현상에 주목했다.

스미스 이후 리카도를 걸쳐 마르크스까지 이어지는 노동가치론은 사회적 부를 가치valeur 개념으로 표상하면서 가치 생산의 원천을 인간의 노동으로 보았다.[17] 물론 스미스와 리카도는 가치 생산의 원천으로 노동 이외에 각각 교환관계와 기술관계를 제시했다. 이는 중농주의자의 견해, 특히 사회적 부를 토지와 문화로 재현한 견해를 일정 정도 반영한 것이다. 중농주의자의 견해는 경제를 하나의 총체적인 범주로 파악했던 공헌 때문에, 다시 말해 사회적 부의 총순환 과정을 혈액순환처럼 재현했기 때문에 경제학에서는 결코 간과할 수 없다.

초기 경제학자들의 이러한 문제의식을 조금만 바꿔보자. 그러면 '어떻게 노동 이데올로기 신화가 만들어졌는가'에 대해 알 수 있다. 초기 경제학자들의 문제설정problématique은 가치 생산의 원천이 무엇인가에 대한 나름의 관점 하에 그것을 토대로 경제 현상을 총체적으로 설명하려고 시도했다. 그러나 그럼에도 불구하고 경제인류학적인 기초 개념 검토를 등한시했다. "인간에게 노동이 어떻게 자리매김되었는가?"라는 문제에 대해 간과했던 것이다.

과연 인간에게 노동이란 무엇일까? 이 질문에 답하기 위해 잠시 고대 그리스 사회에 존재했던 노동의 세 가지 형태를 생각해 보자. 첫 번째 형태는 노예 노동이다. 노예들은 노동을 어떻게 느꼈을까? 그들에게 노동은 "고통", "고역"으로 다가왔을 것이다. 노동에 어떠한 보람도 존재하지 않기 때문이다. 두 번째 형태는 예술 노동이다. 예술인에게 노동은 자신의 어떤 상념을 대상화시켜 "작품"을 생산하는 것이다. 예술인들은 자신의 작품 속에서 자기가치를 실현하고 자기만족을 즐길 수 있을 것이다. 셋째는 자유 노동이다. 자유인들은 아리스토텔레스Aristoteles가 말한 정치적 동물이기 때문에 사회의 규범과 규칙을 제정하는 데 참여한다. 그래서 자유인들은 노동을 "협력"과 "소통"을 전제하는 것으로 사고할 것이다.

인간 노동을 고대인처럼 분류한다면, 근대화와 더불어 탄생된 경제학자들의 관념에서도 노동이 이러한 방식으로 재현되었다고 말할 수 있을까? 그렇지는 않을 것이다. 근대인의 사고에는 노동이 고역이라는 관념이 없기 때문이다. 그들에게 노동은 작품을 생산하는 예술 노동과 같은 관념일 것이다. 그것과 더불어 노동이 자기가치를 실현하는 행위로서 재현될 것이다.

18세기 말 노동은 생산요소로서 재현될 뿐만 아니라 개인을 사회화시키는 매개체로서 인식된다. 특히 헤겔 철학은 노동 개념에 대한 고전 철학적 질문 없이 노동이 어떻게 산업 사회에서 중심 역할을 하는가만 강조했다. 헤겔Georg Wilhelm Friedrich Hegel은 노동을 마치 정신이 자신을 인식하기 위해 어떤 주어진 외부와 대립하면서 작용하는 영혼의 활동처럼 간주했다. 노동을 영혼의 활동으로 간주하는 헤겔적인 사고는 노동을 인륜성을 대변하는 역사정신과 동격으로 본다. 노동이란 자아를 실현하고 자아를 창조하는 것이라 규정했던 신화 체계는 이러한 헤겔 철학에 의해 만들어졌다. 여기서 노동이 인간의 본질이라고 선언하는 노동 이데올로기가 탄생한다.

그런데 실제 노동은 노동 이데올로기처럼 자아를 실현시키기는커녕, 오히려 자아를 더욱 깊은 노동의 수렁으로 빠뜨린다. 도대체 무엇 때문에 이러한 일이 일어나는가? 마르크스는 《1844년 초고》에서 이 같은 질문을 던지며 그 원인으로 두 가지를 제시한다. 첫째, 노동자가 자신이 만든 노동생산물에서 소외되기 때문이다. 임금노동자들이 임금을 받은 대가로 자신이 만든 노동 생산물에 대한 권리를 포기한다는 것이다. 미리 임금을 주는 대신 그가 만든 노동생산물을 가져간다는 고용 계약이 바로 자본주의적 임금 계약이다. 그런데 임금 계약에 노동자 자신이 만든 노동 생산물에 대한 소유권을 절대적으로 포기한다는 내용이 포함되어 있는 것일까? 그렇지 않다. 임금 계약과 소유권 포기 계약은 성격이 다른 사안이다. 그럼에도 불구하고 왜 자본주의 고용 계약은 둘을 일괄적으로 사고하는가? 고용 계약은 일을 시키는 대가로 임금을 지급한다는 계약이다. 그리고 소유권 포기 계약은 자신의 소유권을 행사하지 않겠다는 약속이다. 법 논리적으로 봤을 때 고용 계약이 노동 생산물에 대한 소유권 포기 계약을 전제한다면, 그것은 노동 생산물의 소유권이 노동자에게 있다고 봤기 때문이다. 고용 계약이 노동 생산물에 대한 소유권 포기 계약을 전제하지 않았다면, 노동 생산물의 소유권은 결정되지 않았다고 봐야 논리적으로 맞다. 그렇기 때문에 법-경제학적 관점에서 보면, 자본주의적 노동 소외 현상은 법 논리적인 결과라기보다는 관습적 혹은 암묵적 관행에 의해 만들어진 결과일 뿐이다.

  둘째, 노동자가 생산 과정에 자발적이 아니라 강제적 혹은 제약적으로 참여하기 때문이다. 노동자가 경제적 궁핍으로 인해 어쩔 수 없이 생산에 참여한다는 것이다. 그 배후에는 사적소유권 제도가 자리잡고 있다. 생산수단 소유자와 비소유자로 대별되는 사적소유권 제도는 생산수단 비소유자에게 고용 계약에 참여하도록 끊임없이 강제한다. 생산수단 비소유자는 생산수단을 가지지 못했다는 이유로 자신의 삶을 유지하기 위해 어쩔 수 없이 그러한 고용 계약에 임한다. 그런데 법-경제학의 관점에서 살펴보면, 사적소유권 제도는 국가(특정한 땅에 대한 정치공동체)를 전제로 만들어진다. 논리적으로는 사적소유권 제도 자체가 소외된 노동을 만든 것이 아니다. 로크John Locke의 노동소유설에 따르면, "자신의 노동생산물은 자신의 소유물이"기 때문이다. 노동 소외는 "타인의 노동 생산물에 대한 소유권"을 주장하는 논리에서 파생된 것이다. 따라서 사적소유권 제도가 소외노동을 만들었다고 주장할 수는 없다. 오히려 사적소유권 제도가 노동자를 임금노동으로 살아가게끔 만든 경제적 자유화의 과정(혹은 인클로저 운동)과 결부해서 소외노동을 만들었다고 주장해야 한다.[18] 특히 세계화의 논리 속에서 만들어진 신자유주의적 노동 유연화 정책은 더욱 더 소외노동을 양산했다.

인클로저 운동

인클로저 운동은 근대화의 계기와 세계화의 계기에 따라 각각 상이하게 진행된다. 편의상 전자를 제1차 인클로저 운동이라고 하고 후자를 제2차 인클로저 운동이라고 부르겠다.

제1차 인클로저 운동은 자본의 시초적 축적이 진행되는 과정을 말한다. 토마스 모어Thomas More는 《유토피아》에서 이를 "양들이 사람을 잡아먹고 있다"고 묘사한다. 영어 단어 '캐피탈capital'(자본)의 어원을 분석해보면, '양의 머리cap'가 붙어나고 있다는 뜻이다. 지주가 양을 키우기 위해 농민들을 쫓아내고 양떼 목장을 더욱 크게 확장하는 과정, 즉 울타리치기enclosure 운동에서 자본이라는 단어도 탄생되었다. 그래서 자본은 '가치를 낳는 가치' 라는 의미를 지닌다. 양의 머리가 계속해서 증식되는 것처럼, 자본도 지속적으로 증식 운동을 한다는 것이다. 주목할 점은 이 과정에 폭력이 개입되었다는 사실이다. 땅에 살던 농민이 땅을 빼앗기고 도시로 쫓겨나도록 만들었던 것이다.

이와 관련하여 우리나라는 벼농사가 주이고 양떼 목장이 거의 없어서 인클로저 운동이 일어나지 않았다고 보기 쉽다. 인클로저 운동은 영국의 자본주의 문화에서 일어난 특수한 현상이라는 것이다. 그러나 이는 잘못된 견해다. 인클로저 운동이 말 그대로 울타리치기 운동이긴 하지만, 농민층의 분해 과정, 즉 농민이 임금 노동자로 변환하는 과정을 상징하는 것이기도 하기 때문이다. 그러한 상징적 관점에서 본다면, 한국자본주의의 시초적 자본 축적은 "새마을운동" 속에서 만들어졌다. 1972년 유신헌법과 함께 만들어진 새마을운동은 마을을 아름답게 꾸민다는 농촌 미화 운동의 성격을 띠고 있었다. 근대화된 도시처럼 농촌도 근대화시키자는 취지로 시작된 이 운동은 전통적인 초가지붕을 근대식 함석지붕(혹은 슬레이트지붕. 시멘트가 주원료)으로 바꾸어 아름다운 농촌을 만들자는 캠페인이었다.

그러나 이는 피상적 관점일 뿐이다. 새마을운동이 왜 만들어졌는가를 생각해보면, 그 실체를 알 수 있다. 영국의 산업혁명이 방직업을 시발로 이루어진 것이라고 한다면, 그래서 인클로저 운동이 영국에서 기승을 부릴 수 있었다고 한다면, 박정희의 근대 산업 육성 프로젝트는 시멘트 산업의 육성에서 시작되었다. 그런데 경부고속도로의 건설 이후 과잉 생산된 시멘트가 경제에 심각한 문제로 다가왔다. 어떻게든 처리해야 할 골칫거리였다. 그래서 시작된 것이 새마을운동이다. 농촌의 초가집을 함석집으로 개량하기만 한다면, 남아도는 시멘트는 문제가 되지 않았다. 새마을운동을 "시멘트 소비 운동"이라 말해도 과언이 아닌 이유가 바로 이것이다.

농촌에서 과잉 생산된 시멘트를 흡수하기 위해서는 무엇보다 농민들의 자금 사정이 넉넉해야 했다. 하지만 농가 형편에서 1년에 한 번씩 초가지붕을 개량하던 관습을 바꾸는 일은 쉽지 않았다. 농민들은 번거로운 지붕 개량인가, 반영구적 함석지붕인가를 선택해야 하는 기로에 놓여 있었다. 농민의 입장에서 생각해보면, 자신의 삶이 비록 보잘 것 없지만 남에게 비굴하지 않게 살아갈 수 있었던 것은 조그마한 땅을 일구어 그 수확물을 먹고 살았기 때문이었다. 그러나 지붕 개량으로 부채를 떠안는다면, 자신이 누렸던 독립 소생산자의 지위를 포기해야 하는 순간이 올 가능성도 있었다. 또 다시 머슴살이의 서러움에 시달릴 수도 있었던 것이다. 농민에게 가장 피곤한 삶은 머슴살이, 종살이였다. 그들에게는 임금노동자도 마찬가지 신세였다. 돈 벌러 도회지에 나간 이웃들이 돈을 벌어 오기는커녕 온갖 고달픔만 안고, 심지어는 병신이 되어 고향 땅으로 되돌아왔던 탓이다.

이러한 시대적 상황과 농민들의 인식 때문에 새마을운동은 처음에는 큰 실효를 거두지 못했다. 그래서 고안한 것이 정신 운동으로서의 새마을운동이었다. 박정희 정부는 구습에 얽매인 낡은 봉건적 사고를 벗어던지고 잘 사는 마을을 만들기 위해 노력하는 사람을 새마을 지도자로 선정한 뒤 그에게 온갖 특혜를 제공, 농민의 마음을 근대화의 열풍 속으로 끌어들이려 한다. 반면 농한기에 동네 사랑방에서 투전으로 소일하던 농촌 청년들은 마치 사회의 낙오자, 무능력자 혹은 잉여인간처럼 간주했을 뿐만 아니라 사회적 혐오의 대상으로 삼는다. 이러한 움직임의 중심에 근면, 자조, 협동이라는 새마을 정신이 있었다.

　정신 순화 운동은 파괴적인 영향력을 발휘했다. 그리고 그 만큼 농가 부채는 커져만 갔다. 부채에 시달리면서 농민들은 점차 도시로 이동하기 시작했다. 그에 따라 농민이 가졌던 임금노동자에 대한 부정적인 이미지도 서서히 변화되었다. 자연의 리듬에 맞춰 일하던 전통적 생활은 낡고 게으른 모습이었고, 공장의 기계 리듬에 맞춰 일하는 생활은 누구나 부인할 수 없는 부지런한 모습이었기 때문이다. 이런 점에서 한국의 인클로저 운동으로서 새마을운동은 관 주도의 농민층 분해 운동이자 임노동자 창출 운동이었을 뿐만 아니라 근대화를 찬양하는 인식론적 폭력 운동이었다.

　탈근대 사회의 세계화 현상 속에서 자본은 유목하기 시작한다. 제2차 인클로저 운동은 이러한 자본의 노마드와 연계된 지적소유권 제도에서 출현한다. 후기자본주의에서의 세계화는 표면적으로 보면 시장 유일신교를 전 지구적 차원으로 전파하겠다는 자본의 선교 활동이었다. 하지만 심층적으로 보면 세계적 무한경쟁에서 지배관계를 정하는 게임이었다. 이 게임 속에서 선도그룹과 추종그룹 간의 위계 구조를 결정짓는 것은 지적소유권(저작권, 상표권, 특허권) 점유 여부였다. 이에 따라 자본 간의 지적소유권 점유 투쟁이 가속화되었다. 그 결과 상품에 의한 상품 생산 체계로서의 '산업자본주의capitalisme industriel'가 지식에 의한 지식 생산 체계로서의 '인지자본주의capitalisme cognitif'[19]로 바뀌는 거대한 전환이 일어났다.

특히 정보통신 산업이 발전하면서 전통적인 생산방식은 하루아침에 박물관의 유물과 같은 존재로 변하게 되었다. 예를 들어, 음란도색 잡지로 명성을 구가했던 《플레이보이Playboy》와 《펜타하우스penta-house》는 인터넷의 음란사이트 때문에 순식간에 문을 닫게 되었다. 이 같은 현실에서 대량생산 대량소비를 표방하는 포드주의적 생산방식은 너무나 경직적으로 비추어졌다. 대량소비를 염두에 둔 대량생산으로는 제품의 라이프 사이클을 초단기로 바꾼 소비 패턴의 변화를 도저히 따라갈 수 없었던 것이다. 그래서 등장한 것이 유연한 생산라인이었다. 생산방식도 다품종 소량생산으로 바뀌게 되었다. 하지만 기업은 그러한 변화에 맞춰 노동자를 자유롭게 정리 해고할 수 없는 상황이었다. 포드주의적 생산방식에서 만들어졌던 노동법이 유연한 생산방식을 따라오지 못했기 때문이다.

　신자유주의는 이 같은 상황의 해결을 위해 등장했다. 전통적인 자유주의가 정치에 속박된 경제를 구출하는 것이었다면, 다시 말해 정치적 강제로부터 벗어나 경제적 자유를 보장하자는 것이었다면, 신자유주의는 필요에 따라 자신이 고용한 임노동자의 속박으로부터 기업의 진정한 자유를 외치는 자유주의였다. 즉 신자유주의는 쓰면 뱉고 달면 삼키는 자유주의였다. 이런 점에서 신자유주의는 주인과 노예의 변증법에서 만들어진 상호인정투쟁의 산물이 아니라 주인의 일방적인 유아독존투쟁의 산물이다.[20]

***

　서양 문명에서 탄생된 자본주의가 동양 문명에도 전파되면서 서양 문명은 더 이상 서양적이지 않고, 동양 문명은 더 이상 동양적이지 않은 결과를 만들어냈다. 일찍이 "모든 규정은 부정이다"고 말한 스피노자Baruch de Spinoza의 말처럼, 문명 속에는 야만이 존재했고 야만 속에는 또한 문명이 존재했다. 그럼에도 불구하고 우리가 동서양을 구분하고 문명과 야만을 구분하는 것은 어떤 척도가 있기 때문이다. 스피노자는 그 척도를 진리로 생각했다. 참과 거짓의 척도는 참일 수밖에 없다고 생각했다. 진리의 척도는 진리일 수밖에 없는 것처럼, 상대성의 진리는 상대 속에 있는 것이 아니라 절대 속에 존재한다고 말했다. 스피노자는 절대의 진리를 신의 속성으로 간주했고 그것이 지성과 결합해야만 무한한 역능puissance을 발휘한다고 믿었던 것이다.

하지만 스피노자의 형이상학은 수학자 칸토어Georg Cantor에 의해 비판받는다. 신적 속성인 무한한 역능도 수학적으로 생각해 보면 무능의 모습(무한자+1)이라는 것이다. 마치 기업의 무한자유를 외치는 것이 문명의 종말을 재촉하는 모습처럼, 경제 논리의 극단화는 이미 경제 영역을 떠나서 존재하는 자본의 정치적 표현인 것이다. 그리고 그 거침없는 정치적 표현에는 기술과 같이 모호한 영역을 체화시킨 일종의 자신감이 내재되어 있었을 것이다.

하지만 자신감은 모호한 것을 인식의 영역으로 전유한다고 해서 생기지는 않는다. 지적 자신감도 무모함과 만나면 지적 속성을 상실하기 때문이다. 만일 지적 자신감이 자신의 속성을 잃지 않는다면, 그것은 절대로 보편을 주장하지 않을 것이다. 만일 보편을 주장한다면, 이미 그것은 종교화된 신념으로 변화되었다고 보는 편이 옳다. 근대화와 세계화도 마찬가지 맥락에서 이해 가능하다. 근대화와 세계화를 절대적으로 보편적인 것이라 주장하는 태도 속에는 종교적 신념이 존재한다. 이런 이유로 나의 자본주의 문명 산책은 근대화와 세계화를 만든 종교적 신비 탐색으로 이어진다. 다음 장에서는 유일신교의 탄생이 어떻게 자본주의 문명과 절합되었는지를 추적할 것이다.

2
자본주의와 유일신 종교

베버는 《프로테스탄티즘 윤리와 자본주의 정신》에서 자본주의의 특징을 합리성 공준公準으로 설명한다. 베버에 따르면, 이는 근대 서양 문화에서만 고유하게 존재했으며 여타의 문화권에서는 찾아볼 수 없다고 한다.

베버는 《프로테스탄티즘 윤리와 자본주의 정신》에서 자본주의의 특징을 합리성 공준公準으로 설명한다. 베버에 따르면, 이는 근대 서양 문화에서만 고유하게 존재했으며 여타의 문화권에서는 찾아볼 수 없다고 한다. 물론 베버는 합리성이 상대적이고 역사적인 개념이기 때문에 각 문화권마다 나름대로의 합리성이 존재함을 부인하지 않는다. 그렇다고 서양 문화에서 만들어진 합리성의 특별함을 부정하지도 않는다. 서양의 합리성은 계몽주의에서 만들어진 "가치-합리성"이다. 이는 "주술 정원으로부터의 탈피"를 만들어 "인간적인 삶을 조직하는 윤리적인 준칙"이었다. 특히 종교적 내세관과 현세관을 연결시키는 금욕주의는 가톨릭과 프로테스탄티즘Protestantism에서 나름의 고유한 "도구-합리성"을 만들 수 있었다. 가톨릭적 금욕주의는 인간의 쾌락을 극복하기 위해 신성한 "노동"을 강조한 반면, 프로테스탄티즘의 금욕주의는 "직업"을 통해 삶을 합리적으로 조직해야 함을 강조했다고 베버는 말한다.

앤서니 기든스Anthony Giddens는 베버의 합리성을 형식적 측면과 내용적 측면으로 나눠 파악한다. 형식적 측면에서는 절차를 강조하는 계산적 합리성에, 내용적 측면에서는 지속 가능성과 일관성에 초점을 맞춰 전자에서는 개인적 삶의 딜레마를, 후자에서는 사회적 삶의 딜레마를 거론하면서 합리성의 한계를 지적한다. 하지만 이러한 관점은 방법론적으로 헤겔처럼 내용/형식이라는 변증법적 사고라고 말하든, 기든스처럼 구조와 행위 사이의 딜레마라고 말하든, 칸트Immanuel Kant처럼 주어와 술어 간의 전도 현상이라 말하든 순환론일 뿐이다. 말하자면, 문화적 합리성(가치-합리성)에서 개인적 합리성(도구-합리성)의 한계를 지적하든, 개인적 합리성(가치-합리성)에서 문화적 합리성(도구-합리성)의 한계를 지적하든 합리성의 블랙홀에서 맴도는 결과만 낳는다.

이와 유사한 말장난이 있다. 내가 신을 믿기 때문에 신이 있는가? 아니면 신이 있기 때문에 내가 믿는가? 이 물음은 나와 신과 믿음 사이의 삼위일체만을 재생할 뿐이다. 베버의 합리성 공준 또한 이와 비슷하다. 경제의 합리성과 사회(혹은 문화)의 합리성을 자본주의의 합리성이라고 규정함으로써 결국 합리성의 딜레마를 극복하는 길로 "비판적 실험의 사고양식"으로서의 학문과 "삶의 현실에 대한 냉철한 시각"으로서의 정치를 열어두게 되었기 때문이다.

반면 베르너 좀바르트Werner Sombart의 《사랑과 사치의 자본주의)는 현세적 금욕주의를 표방하는 프로테스탄티즘의 윤리에서 자본주의가 탄생되었다고 본 베버와 달리 사치에서 자본주의가 시작되었다고 파악한다. 사치가 시장을 형성할 수 있는 힘이기 때문이라는 이유에서다. 버나드 맨더빌Bernard Mandeville은 《꿀벌의 우화》에서 사치에 대해 다음과 같은 시로 표현한다. "욕심은 죄악의 뿌리다. 그래서 그 누구를 미워하고 저주할 것인가. 방탕과 낭비의 노예, 그것들은 고귀한 죄악이다. 수백만의 가난한 사람들에게 일자리를 줄 수 있으니, 자랑스럽네. 부러움과 허영심, 사치는 산업을 이롭게 하네. 사치의 애인은 어리석음과 변덕, 음식, 가구와 의상, 이상하고 우스꽝스러운 죄악. 그러나 상업의 바퀴를 움직이는 힘이 놀랍게도 사치에 있네." 만일 이 시처럼 사치를 좋은 형태와 나쁜 형태로 구분할 수 있다면, 다시 말해 개인적 덕목으로서의 사치는 나쁜 형태로 그리고 시장을 창출하는 사치는 좋은 형태로 인식하고 구별할 수 있다면, 시장 담론에서는 나쁜 형태보다 좋은 형태의 사치를 선호할 것이다.

그런데 이렇게 임의적으로 취사선택하는 순간 사치의 문제는 사라지고 불행한 관념 하나가 자동적으로 탄생된다. 자본주의 탄생의 동력을 시장 창출과 연관시켜야 한다는 관념이 바로 그것이다. 이것이 바로 근대 경제학자의 사고방식, 즉 대상의 논리 앞에서 윤리의 문제를 사상시키는 사고방식이다. 이렇게 하면 문제는 단순 명쾌해진다. 합리성과 효율성의 공준만 생각하면 되기 때문이다. 이러한 공준이 현실화되면 미지의 상품 소비자를 위한 대량 생산 체계로서의 자본주의는 시장 창출을 위해 원거리 교역을 마다하지 않는다. 그런데 원거리 교역 시 상품의 필수불가결한 요건은 질이 좋아야 한다는 점이다. 질 좋은 고가의 사치품이 원거리 교역에 더 적합하다. 조잡한 상품은 자본주의 발전에 아무런 도움이 되지 못한다. 인구의 대부분을 차지하는 서민 대중이 필요로 하는 생활용품은 자급자족 경제에서도 충분히 만들어졌기 때문이다. 이런 점에서 사치품 시장이 존재하지 않는 한 자본주의의 탄생은 없었다고 봐야 한다.

다시 묻자. 과연 자본주의는 무엇에 의해서 탄생되었을까? 베버는 기독교적 윤리인 정직, 성실, 근면, 소명 의식에서 찾았지만, 좀바르트는 반대로 사치와 인간의 성욕(존재보존 욕망)에서 찾았다. 그럼에도 불구하고 둘 사이에는 공통점이 있다. 인간의 심리적·정신적 측면을 중시했다는 점이다. 물론 차이점도 있다. 베버는 논리적 엄격함을 토대로 이론을 구성함으로써 후세의 학자들에게 많은 영향을 끼쳤다. 이와 달리 좀바르트는 역사적으로 누적된 문화의 한 측면을 토대로 베버 논리 체계의 허울을 벗기는 천재성을 드러냈다.

거대 담론의 미명 속에서 모든 것을 통합하려 했던 베버의 이론 그리고 그와는 정반대로 지엽적인 것을 극단화시켜 거대 담론의 허울을 벗긴 좀바르트의 천재성, 둘 중 어느 것을 수용해야 할까? 이 문제를 밝히기 위해서는 "자본주의란 무엇인가?"라는 고전적인 질문을 던질 수밖에 없다. 존재의 기원은 존재를 어떻게 규정하느냐에 따라 다르게 나타난다. 그렇다고 존재를 단일한 무언가로 규정할 필요는 없다. 단일한 것도 분석해보면 다수의 무언가가 결합되어 있기 때문이다. 자본주의도 마찬가지다. 자본주의 생산양식에서 부의 원기적 형태인 상품을 분석해보니 그것도 두 가지 노동(구체노동과 추상노동)의 결합태이더라라고 주장하던 마르크스의 《자본》 사례에서 엿볼 수 있는 것처럼, 자본주의 역시 단일한 무언가로 규정되지 않는다. 특히 자본주의는 야누스적인 특성을 가졌다는 점에서 더욱 정밀한 분석을 요한다.[21]

자본주의의 야누스

자본주의의 야누스적인 특징은 마르크스가 제시한 자본주의 생산양식론, 즉 타인의 노동을 전유하는 생산양식으로서의 자본주의에서도 발견된다. 타인의 노동을 고용하는 생산 현장을 보자. 여기에서도 갈등과 화해의 이중주가 나타난다. 만일 노동자의 생계비를 보장해주지 못하는 임금 계약이 지속된다면, 곧바로 노동쟁의가 일어나고, 이는 자본의 재생산 과정의 위기로 이어진다. 그러나 자본의 재생산 과정의 위기는 노동자의 고용 안정성을 위협한다. 따라서 노동자는 적당히 타협할 수밖에 없다. 물론 이러한 과정은 자본주의 생산 체계 이외에 노동자의 삶을 재생산할 마땅한 수단과 공간의 부재를 전제한다.

만일 노동과 자본 간 불화와 화해의 이중주를 자본주의의 야누스적인 특징이라고 말할 수 있다면, 자본주의의 끊임없는 재생산은 불화보다는 화해에서 만들어질 것이다. 오스트리아 경제학자 미제스Ludwig von Mises와 하이에크Friedrich von Hayek는 바로 이 화해의 측면을 특권화시킨다.

그리스어 '카탈라소Catallasso'는 "불화를 화해로 바꾸다"는 뜻이다. 이는 《성경》의 〈로마서〉 5장 10절, "우리가 적이 되었을 때에도 그의 아들의 죽으심으로 말미암아 하나님과 '화해하게 되었으니', 더욱 더 '화해하게 된' 우리는 그의 생명으로 인하여 구원 받게 되리라"는 구절에서도 발견된다. 경제학자들이 즐겨 쓰는 '교환exchange' 혹은 '시장에서의 교환'이라는 단어도 사실상 '카탈라소'에서 파생되었다고 해도 과언이 아니다. 그러나 경제학자들은 그것을 성경과 연결하여 해석하지 않는다. 하이에크도 마찬가지다. 하이에크는 그리스어 동사 '카탈라소'를 명사화하여 '카탈락시catallaxy'를 만들고, 이를 "자생적 질서를 만드는 교환의 규범"으로 혹은 자유방임laissez-faire 이데올로기로 특권화시킨다.

카탈락시

경제학자들은 '카탈락시'를 인간행위학praxeology 혹은 교환의 과학callactics[22]으로 해석한다. 이를 성경과 연결시키면, 화해에는 희생sacrifice을 동반하는 어떤 행위라고 말할 수 있다. 물론 경제학자들이 주목하는 재화와 재화 사이의 교환에는 희생이 끼어들 여지가 없다. 그런데 경제심리적인 측면을 감안하면, 경제학자들이 말하는 교환 속에는 가치판단의 배제가 전제되어 있다. 즉 경자학자들은 자신의 주관적인 판단보다는 사물의 가치를 객관화시켜서 그것들 간의 교환을 상정한다. 말하자면, 주관적인 가치판단의 희생 속에서 객관화된 사물간의 교환을 이루는 것이라고 말할 수 있다.

그럼에도 불구하고 객관적 가치 이론인 노동가치 이론은 희생의 문제를 등한시한다. 오히려 주관적인 가치 이론인 한계효용 이론이 희생의 논리를 적극적으로 내재화시킨다. 한계효용 이론은 시간에 따르는 선호를 필연적으로 상정한다. 현재와 미래 중 무엇을 더 선호하는가에 따라 소비를 할 것인가 혹은 저축을 할 것인가를 결정한다. 즉 현재의 소비는 미래의 저축의 희생을 통해 이루어진다.

이와 같이 카탈락시가 희생을 전제로 만들어진 것이라고 한다면, 인간의 행동과 사회적 조화의 법칙을 연구하는 경제학도 필연적으로 희생을 전제하여 이루어진 것이라고 말할 수 있다. 단, 근대적 희생론과 중세적 희생론에는 차이가 있다. 중세적 희생론은 인간의 외부 영역, 즉 신적인 영역과의 교류를 통해서 희생 논리를 인간의 덕virtus으로 상정한다. 반면, 근대적 희생론은 인간의 내부 영역에서 희생 논리를 재생시켜 인간의 존재 보존 욕망을 극대화시킨다.

　이런 점에서 예수를 신의 아들로 볼 것인가 아니면 인간의 아들로 볼 것인가로 중세와 근대를 구분할 수도 있다. 신의 아들 예수는 야훼의 왕국으로 통하는 매개체지만, 인간의 아들 예수는 자본의 왕국과 화해를 이루는 매개체로 자리매김되기 때문이다. "너의 원수를 네 몸과 같이 사랑하라", "오른쪽 뺨을 맞으면, 왼쪽 뺨을 내어주라"는 예수교의 가르침도 야훼의 왕국으로 가기 위한 인간의 덕목이 아니라 자본의 왕국과의 화해를 이루는 덕목이라고 볼 수도 있다.

　베버가 자본주의의 합리적 정신을 프로테스탄티즘의 현세적 금욕주의에서 찾은 것은 우연이 아니다. 근대적 합리성은 자본과의 불화를 카탈라소한 경우의 산물이다. 다시 말해, 교환에서 가치판단을 배제하고 중립적으로 사고할 경우 자본과의 불화를 극복할 수 있는 계기, 즉 현세적 금욕주의 혹은 자발적 복종을 만들 수 있는 길이 자동적으로 열린다. 여기서 가치판단을 중립적으로 사고한다 함은 '주어진 조건에의 순응', 말하자면 시장의 교환에서 가격 신호에 절대적으로 순응한다는 뜻이다. 즉 가격 신호는 자아와 타자 사이의 행위의 균형적 결과 혹은 "보이지 않는 손 invisible hand"이 작용하여 만들어진 것으로 간주한다는 것이다.

　과연 카탈락시의 신화가 애덤 스미스의 '보이지 않는 손' 혹은 하이에크의 '자생적 질서 탁시스taxis'의 결과일까? 하이에크는 《법, 법제화와 자유》에서 고대 그리스 문명에 존재했던 시장의 자생적 질서 탁시스와 국가의 규범적 질서 코스모스kosmos를 구분하고, 인간의 자유는 하나의 유기체organisme로서 자기조직화의 원리에 따라 내생적으로 만들어지는 자생적 질서에서 더 보장된다고 말한다. 그러나 이는 논란을 야기하는 시각이다. 자유방임에서 자유가 보장됨을 주장하기 때문이다.

고대 그리스 문명에는 두 가지 카탈락시 논리가 존재했다. 첫째는 도시국가 내부의 시민적 규범에 따라 만들어진 내부 경제의 논리다. 이 경제는 위계적 규범에 따라 교환의 정의가 관철된 경제다. 예를 들어 어느 시민이 화가 나서 원로원 원로의 뺨을 한 대 때렸다고 하자. 평범하게 생각하면, 원로도 시민의 뺨을 한 대 때리면 서로 주고받았으니give and take 균형이 이루어졌다고 보기 쉽다. 그러나 시민이 원로원의 원로의 뺨을 때린 행동은 원로원의 권위를 훼손한 것이다. 따라서 이를 감안하여 원로원의 원로는 시민의 뺨을 10대 때려야 균형이 이루어진다.

둘째는 재화들의 논리에 기반을 둔 도시 외부의 시장경제 논리다. 고대 그리스 문명에서 건전한 시민에게는 아고라agora 광장에서 자신의 잘못을 변론할 권리를 제공했었다. 그러나 그가 변론에 실패하여 죄가 확정되면 아고라에서 자신의 의견을 피력할 수 있는 기회를 박탈당한다. 그럼에도 다시 죄를 지으면 변두리로 추방되고, 또 죄를 지으면 이제는 아예 도시 밖으로 추방당한다. 이 추방된 자들의 경제에서는 공동체의 규범에 따라 교환을 행할 하등의 이유가 없다. 자신의 존재를 공동체에서 이미 말소

자본주의와
유일신 종교

했으므로 그것을 따를 필요가 없었던 것이다. 그래서 이들은 오직 재화의 논리에 따른 교환의 잣대를 만들었다.

　재화의 논리, 즉 시장의 수요와 공급의 논리에 따라 가치판단을 하는 것이 과연 합리적일까? 이는 분명 공동체의 필요의 논리에 따라 가치판단을 한다는 것이다. 그런데 근대 경제학에서는 공동체의 필요 논리에 따라 가치판단한다고 말하지 않는다. 희소성 문제 때문에 가치판단 문제가 발생한다고 말한다. 자원은 유한한데 인간의 욕망은 무한하기에 경제 문제가 생긴다고 본다. 왜 경제학에서는 공동체의 필요가 아니라 희소성 문제로 사고할까? 공동체의 필요 논리를 교환의 잣대로 본 것은 고대 그리스 문명권에 존재했던 도시 밖 경제였지만, 근대 경제는 고대의 도시 밖 경제 논리가 마침내 공동체 내부의 규범 체계로 자리매김 되었기 때문이다. 근대에는 탁시스가 코스모스와 결합되었던 것이다.

　그런데 이것을 다음과 같이 생각할 수도 있다. 고대 그리스 경제의 경우 공동체 밖에 희생자들이 있었다면, 근대 자본주의 경제에서는 희생자를 공동체 내부로 끌어들인 것이라고. 희생자를 공동체 내부로 끌어들였다는 말은 교환되지 않는 모든 것에 죽음을 선사한다는 의미다. 예컨대 교환되지 않는 재화를 소유한 자에게는 도산을, 교환되지 않는 노동을 소유한 자에게는 생존권의 위협을 준다. 자본주의는 자신의 내부에 언제나 일정 규모로 이러한 희생물들을 존속시킨다. 마치 "내가 너희에게 온 이유는 평화가 아니라 불화를 주기 위해서다"는 예수의 말(〈마태복음〉 10장) 처럼, 자본주의는 풍요가 아니라 상대적 빈곤을 보장한다. 다시 말해서, 자본주의는 상대적 빈곤자의 희생 속에서 물질적 혹은 정신적 풍요를 만들었다. 기독교에서 예수를 통하지 않고는 하나님의 은혜의 왕국에 도달하지 못하는 것처럼, 자본주의 유토피아는 자본의 이데올로기 속에서만 자기 도야를 완성할 수 있었다. 그 이데올로기의 한복판에는 희생물을 소멸시키는 자유의 왕국, 자본의 왕국을 떠받치는 공리주의의 간계가 있었다.

판옵티콘

최대 다수의 최대 행복을 추구한다는 공리주의utilitarisme적 강령은 사회적 희생을 부당 전제함으로써 상대적 빈곤 문제를 소멸시키는 효과적인 기제로 작용한다. 자본의 유토피아가 현재의 행복 추구 문제를 풍요로운 미래에 투사시키면서 끊임없이 지연시키는 것처럼, 공리주의는 사회적 희생물을 끊임없이 줄이다 보면 언젠가는 최대 다수의 최대 행복을 이룰 수 있다는 환상을 심어 준다. 이러한 환상은 사회적 희생자를 (잠재적) 범죄자 취급함으로써 현실적으로 힘을 갖게 된다. 중세 문명의 경우 희생자는 언제나 신성함sacre과 이타성을 가진 존재였고, 그래서 숭배의 대상이었다. 반면, 근대 문명에서 희생자는 언제나 구역질나는 너저분함sacre과 범죄 가능성(이기성)을 소유한 존재였고, 그래서 혐오의 대상이었다. 영국의 공리주의 주창자 제러미 벤담Jeremy Bentham의 '기쁨을 최대화시키고 슬픔을 최소화시키자'는 주장이 범죄자를 효율적으로 감시할 수 있는 근대적 기법 연구에서 만들어졌다는 것은 결코 우연이 아니다.

판옵티콘panopticon은 육각형의 중앙에 감시탑이 서 있고 그 주위에 원형으로 감방들이 배치되어 있어서, 감시탑에 있는 감시자는 죄수들을 항상 감시할 수 있지만 죄수들은 그 감시자를 볼 수 없도록 설계된 수용소다. "모든 것을 볼 수 있는 권력"이 구체화된 형태인 이 수용소의 가장 큰 특징은 감시자가 항상 죄수를 감시할 수 있다는 점이다. 이 때문에 중앙탑의 감시자가 실제로 없는 경우에도 죄수는 감시받는다고 여긴다. 즉 구체적인 권력의 행위가 없더라도 권력은 유지된다. 수감자는 끊임없이 감시의 시선을 의식하게 된다. 나아가 그 시선을 내면화하여 스스로를 통제하고 규율에 복종한다. 판옵티콘 모형은 죄수들을 일일이 감시하고 단속하지 않는다. 죄수들에게 일정 정도의 자율을 베풀어주면서도 자신의 합리적 원칙 속에서 관리 감독할 수 있다. 그것이 판옵티콘 모형의 장점이다. 이는 서구 문명이 동양 문명보다 더 인간적인 합리성(엄밀히 말하자면 개인의 인권을 더욱 중요시했던 합리성)을 만드는 기틀이 된다.[23]

서양 문화의 전통은 인식론적으로 죄와 인간을 구분한다. 죄는 미워하되 인간은 미워하지 말라는 잠언에 충실하다. 예수가 매음했던 여인을 향한 돌팔매질을 막기 위해 '너희들 중 깃털만큼조

차도 죄를 짓지 않는 자 있으면 저 여인에게 돌을 던지라'고 말했던 예를 보라. 중세 시대에는 이 같은 전통이 원죄론으로 구현된다. 성 어거스틴Saint Augustine의 원죄론[24]처럼 원죄를 지은 너희들이 희생자들을 혐오하는 것이 우습지 않느냐는 식이었다. 삼위일체 교리는 이 원죄론을 기반으로 만들어진다. 삼위일체론은 인간의 너저분함이라는 죄를 성스러운 신의 아들 예수의 희생으로 사했기 때문에 예수를 통하지 않고는 신의 왕국에 들어갈 수 없다는 교리였다. 하지만 중세 시대에는 성스러움과 너저분함의 유비 속에서, 인간적인 너저분함을 마녀(혹은 이방인)와 동일시하면서 무참히 짓밟는다. 이와 달리 공리주의는 혐오의 대상을 인간화하는 최소한의 길을 지배 권력의 힘 보강으로 연다. 판옵티콘을 통한 감시는 그러한 측면을 잘 보여준다.

반면, 동양의 전제 권력은 자신의 규범적 질서에 어긋나는 자를 죄인 취급하며 무차별적으로 고문[25]한다. 세련된 공리주의적 규범과는 상당히 대조적인 모습이다. 그러한 예는 조선 시대 반체제 지식인이던 도가道家들의 시 속에 잘 나타나 있다.*

도가의 시: 서정성과 잔혹성

정작鄭碏

日暮暝烟合

蒼茫山外山
招提問何處
鐘定翠微間

손관식의 해석

날 저무니 어둠과 연기 합쳐지고
아득히 산 밖에 산이로다
절이 어느 곳인가 물으니
쇠북소리 산허리에 머무네

저자의 해석

해 떨어지면 어둠과 연기가 합쳐진다.
시퍼런 멍이 산 너머 산이다.
잡아끌면서 어딘지를 심문한다.
인두로 지지면 순간적으로 피어난다.

정렴의 동생 정작의 시다. 손찬식 교수는 《조선기 도가의 시문학 연구》에서 이 시를 명리를 떠나 은거하는 모습으로 푼다. 서문에서 그는 "도가사상道家思想에 대한 필자의 무지로 인하여 정밀한 분석이 이루어지지 않은 듯싶다"고 말한다. 안타깝지도 정작의 시 해석을 보면 이를 단순히 겸양지어謙讓之語라 말할 수 없을 듯하다. 명리를 떠나 은거하는 것을 도가라고 규정한 것만 보더라도 도가를 몰라도 너무 모르는 것 같기 때문이다.

손찬식 교수의 해석은 초보적인 한자 실력만 갖추고 있으면 누구나 할 수 있는 수준이다. 한자를 그대로 직역하면 해질녘 지나가는 길손이 산사를 물으면서 눈앞에 펼쳐진 광경을 읊은 것이라고 보기 쉽다. 그러나 조선 시대 도가사상과 연관지어보면, 이 시는 관가에서 고문하는 모습을 적나라하게 그린 것이라 해석하는 편이 더 맞는다. 을사사화를 일으킨 부친의 흉악무도함에 대한 고발이 녹아 있는 것이다. 손찬식 교수는 누구보다도 이러한 역사적인 사건들을 잘 알고 있지만, '그럴 수 있다'고는 한 번도 생각해보지 못한 듯하다. 고문하는 모습이 위의 시뿐만 아니라 다른 시에서도 끊임없이 보이는데, 그는 서정성에 매몰되어 이러한 측면을 놓치고 있다.

碧溪終夜水淙淙
賴是幽齊枕石石
紅杏滿庭山月白
子規聲裡獨開窓

손찬식의 해석

푸른 시내엔 밤새도록 물이 졸졸 흘러가고

정실에서 돌베개를 베네
붉은 살구꽃 뜰에 가득하고 산월은 흰데
소쩍새 소리에 홀로 창을 여네

저자의 해석

밤새도록 [물을 뿌리면서 고문하니] 시냇물처럼 졸졸 흘러간다.
의지하는 것은 돌과 돌이 맞물린 아득한 가지런함이다.
붉은 살점이 뜰에 가득하니 산처럼 떠있는 달도 창백하다.
당신의 절규소리만이 홀로 창을 열고 있다.

손찬식 교수는 위의 시에 대해 "애상적인 정서, 밝은 산월에 조응된 붉은 살구꽃, 구슬프게 울어대는 두견, 그리고 졸졸 흘러가는 벽계수의 자연표상을 통하여 봄밤의 고독과 애수를 표출하고 있다"고 말한다. 만일 정작이 고문하는 풍경을 서정성에 의지하여 감춘 것이라고 한다면, 이는 엄청나게 잔혹한 서정성이다. 하지만 이와 같은 시를 서정성으로만 독해한 것이 오히려 잔혹한 모습이다. 유가사회의 덕치가 고문과 독선에서 만들어진 것임을 은폐하기 때문이다. 도가사상은 당연의 구조에서 쌓인 폭력에 대한 비판이었다. 그러나 유자儒者들은 그것을 눈여겨보지 않았다. 유자들은 말할지 모른다, 잔혹함을 들춰내는 것은 고자질하는 것처럼 나쁜 행동이라고, 타인의 잘못을 눈감아줄 줄 아는 것이 인격적인 군자의 예법이라고. 이와 같은 어이없는 주장을 손찬식 교수가 할 리 없겠지만, 결과적으로는 그렇게 한 셈이 되었다. 조금만 더 신중하게 자신의 실력을 감안했다면, 이러한 무지막지한 주장을 담은 글을 출판하지는 않았을 것이다. 학자의 연구가 미완의 상태이면서도 발표하는 일은 나쁜 편견doxa을 유포하는 인식론적인 폭력이기 때문에 유보되어야 마땅하다. 하지만 오늘날 한국의 대학가는 형편없는 저서들과 미완의 연구들이 대단한 업적인 양 포장된 채 출판되고 있다. 모두 다 명리名利에 길들여진 유교 사회가 만든 해악이라 생각된다. 만일 위와 같은 사회 비판적인 도가의 시들을 제대로 감상하고 평가했었다면 폭력 사회의 전통적인 "인식틀grille de problématique"이 조금은 완화되었을 것이다. 그러나 현실은 그렇지 않다. 지식인이 자신의 "인식론적인 문제틀"을 점검하지 않고 업적 위주로 형편없는 글을 남발했기 때문이다.

위의 두 시는 두 가지 버전version으로 해석 가능하다. 따라서 두 버전을 모두 소화해야만 제대로 평가했다고 할 수 있다. 현법顯法과 장법藏法을 모두 알고 있어야만 시인의 시심詩心을 정확히 읽을 수 있다. 폭력 사회에서는 지식인이 자신의 견해를 숨기고 글을 쓰는 문학적 기법이 발달하기 때문에 장법을 모르고서는 글을 제대로 감상할 수 없다.

손찬식 교수는 첫 번째 시에서 烟(연), 蒼茫山(창망산), 招提(초제), 鐘定(종정) 등의 시어詩語들을 눈여겨보지 않았다. 고문 광경을 보지 못한 것은 이 때문이다. 불[火] 때문에[囚] 창망산(시퍼런 산을 이룬 명자국)이 만들어졌다. 끌어 잡아당기면서 묻는 것은 심문하는 모습이다. 인두 자국은 금金의 아이[童]가 박힌[炡] 것이다. 손찬식 교수는 이를 단순히 해석했기 때문에 읽어내지 못했다.

두 번째 시에서 저자는 시어 홍행紅杏을 "붉은 살구꽃"이라고 해석하지 않고 "붉은 살점"이라고 의역했다. 이는 홍행이 무엇을 상징하는 가를 감안한 해석이다. 서정성 버전인 손찬식의 해석은 일행과 이행을 각각 객체와 주체, 이행과 사행도 객체와 주체로 나열해서 단조롭다. 반면 고문 광경 버전인 저자의 해석은 행들의 전개가 논리적으로 연결되었을 뿐만 아니라 사건을 파헤치는 식으로 전개된다. 첫 번째 시에서 시어들의 상징이 중요했다면, 두 번째 시에서는 각 행들의 전개 과정, 특히 주체성의 정점을 드러내주는 논리성을 읽어야 한다. 그러나 손찬식 교수는 소쩍새를 상징하는 자규子規에만 주목하여 살구꽃과 규성을 연결시키지 못한다. 홍행은 객체적으로는 달의 창백함, 주체적으로는 절규 소리와 개창開悤(살점에 뜯기는 것)과 각각 연결되어 있다.

손찬식 교수의 해설 중 아쉬운 부분은 시인이 도의 경지에 이르지 못하여 애상에 빠져든다는 대목이다. 이는 무심의 경지에서 사물을 바라보는 것이 도인이라는 편견에서 나온 언어폭력이다. 잔인한 광경을 서정적으로 바라보는 무심성無心性을 보지 못했기 때문에 이러한 무지성無智性을 드러낸 것이다. 이는 무엇보다도 손찬식 교수가 유자儒者의 인식론적 틀에 얽매여 있기에 나타나는 문제다. 더욱 큰 문제는 그러한 경향이 손찬식 교수에게서만 발견되는 것이 아니라는 사실이다. 한국의 국문학계 전반에 편재된 거대한 무지의 상아탑은 바로 무지성의 총아가 공자사상임을 인식하지 못해서 생긴 것이다.

동양 문명에서 공리주의적 판옵티콘이 만들어질 수 없었던 것은 인간의 절대 정신을 고양시키면서 대중과 소통하는 제국적 종교가 부재했기 때문이다. 물론 동양 문명에 권력의 원시적 폭력에 대한 종교적 비판이 없었던 것은 아니다. 대중과 소통하기에는 문학적 기법이 너무 뛰어나 대중과 유리된 채 소수의 지식인 계급에게만 고립된 점이 문제였을 뿐이다. 바로 선가仙家와 도가道家의 개성을 강조하는 사상이 그러했다. 그렇다면 선가와 도가 사상은 왜 대중과 멀어지는 길을 택했을까? 권력으로부터 끊임없이 탄압받았기 때문이다. 그러한 탄압이 선가·도가 작품의 문학적 기법 발달로 표출된 것이다.

이에 반해, 서양 문명에서는 공리주의적 판옵티콘을 인간적 욕망의 실현 문제와 결합시킴으로써 자본가적 공장제에도 적용할 수 있었다. 일찍이 마르크스가 《자본》에서 언급했듯이, 자본주의 공장제 생산방식은 노동 과정의 이중성, 즉 협업과 분업을 통해 만들어진다. 마르크스는 경제적 행위, 정확히 말하자면 이윤을 창출하기 위한 행위에서 탄생한 공장제의 운영 원리를 다루지는 않았다. 그러나 이 운영 원리는 대차대조표에 기반을 둔 복식회계가 발명되면서 그것과 함께 자본주의적 합리성의 형성에 큰 기여를 한다. 공리주의적 판옵티콘은 공장 운영 원리 체계인 복식회계 제도에서 그 진가를 발휘한다. 감시 권력의 세련화는 경제 행위의 진위를 판별할 수 있는 회계지표의 개발을 통해 가능해진 것이다. 이는 경제 영역에서의 공리주의적 규범 강화로 이어졌다.

만일 이윤 최대와 비용 최소라는 공리주의적 준칙이 교환에 따른 노동 과정의 조직 문제보다 더 주요한 힘을 발휘한 것이라면, 다시 말해서 판옵티콘이 카탈락시를 지배하는 힘이라고 해석한다면, 자본주의는 이해관계에 따른 감시 권력의 발달과 함께 탄생한 것이라고 말할 수 있다. 이와 달리 불화를 화해시키는 카탈락시의 발달이 판옵티콘의 사고를 탄생시킨 힘이라고 해석한다면, 공리주의적 규범은 근대적 개인의 이해관계를 사회적 규범의 원리로 화해시킨 것이라고 할 수 있다.

르네상스 시대 이탈리아에는 다음과 같은 경구가 있었다. "특수 이해관계는 모든 인간을 지배하는 스승이다." 개인의 특수 이해관계가 사회적 규범을 이해할 수 있는 보편적 열쇠라는 뜻이다. 그렇지만 중세 시대에는 달랐다. 성 어거스틴의 경우 "caritas sola non peccat(오직 자비만이 죄가 없다)"를 보자. 여기에는 '이해관계는 곧 죄'라는 관념이 담겨 있었다. 중세 기독교 문명에서는 개인의 이해관계가 공동체의 규범보다 하위 범주에 지나지 않았던 것이다.[26] 근대 문명은 이 양자의 관계를 전도시키면서 탄생한다. 어떻게 가능했을까? 개인의 특수 이해관계에서 죄의식을 어떻게 소거할 수 있었을까? 여기에는 삼중적인 전환이 있었다. 첫째, 개인의 욕망이 집단적 의무로부터 독립하여 개인적 이해관계를 옹호하는 쪽으로 돌아선다. 자기세계의 실현을 위한 사적 욕망의 분출이 용인되는 쪽으로 전환이 이루어진 것이다. 둘째, 전통적인 부富의 의미가 바뀐 점이다. 고대와 중세 사회에서 부는 토지나 귀금속 따위의 대상물을 소유했는지의 여부로 판별했다. 그마저도 재화는 신이 준 선물이라 여기는 인식이 강해 적극적으로 사적 이익을 추구하기 어려웠다. 반면 근대 사회에서는 부를 대상물과 인간 행위와의 관계로서 고려했다. 대상물에 가치를 부여하고 그것을 획득하려는 인간의 적극적 행위가 정당한 부의 축적 노력으로 받아들여진 것이다. 셋째, 이 같은 부의 의미 변화에 따라 인간 행위의 결정 요소가 개인의 특수한 이해관계에서 규정된다는 사고가 만들어진다. 나아가 그것이 사회적으로 유용하다는 사고도 형성된다. 개인적 이해관계에 따른 인간의 노력이 사회적으로 유용한 것을 생산한다는 인식이 확산되면서 개인적 이해관계와 자비와의 괴리를 만들었던 성 어거스틴의 죄의식 문제가 자동적으로 해결된 것이다.

인터레스트

'인터레스트interest'는 통상 '이해관계에 따른 관심사' 혹은 '이자'로 번역된다. 하지만 이 단어는 세계관의 전환을 담고 있다는 점에서 그리 단순하지 않다. 인터레스트는 중세의 신학적 세계관에서 근대의 자본주의적 세계관으로의 전환을 내포한다. 중세 시대에는 이 단어를 악으로, 범죄의 동기로 표상했다. 반면 근대 시대에는 덕으로, 유용성을 생산하는 동기로 표상했다. 이런 점에서 인터레스트는 선악의 야누스를 간직한 단어다.

인터레스트의 어원은 라틴어 'inter-esse'다. '상호관계inter에서 존재한다esse'는 뜻이다. 말하자면 두 대상 혹은 두 사건 속에서 상대적인 의미를 갖는다는 뜻이다. 그래서 라틴어의 어원에는 화폐의 차용관계에서 빚을 늦게 갚을 때 손실을 본다는 것을 강조하는 대부자의 입장을 지칭한다. 하지만 중세 문명에서는 이자를 받고 채무관계를 맺는 행위를 공동체의 질서를 파괴하는 것으로 간주하여 금지했다. 아리스토텔레스도 이를 '크레마티스티케 chrematistike'라고 지칭하며 문명을 파괴하는 야만적인 형태로 인식했다. 무제한적인 화폐 증식 운동이 시민들의 자유롭고 평등한 교환 체계를 파괴하기 때문이다. 공공의 이익을 위해 개인적인 욕구를 제한한 것은 이런 이유에서다.

하지만 공공의 이익과 개인적 욕구 추구가 충돌만 일으키는 것은 아니다. 공동체에 유용한 것이라는 의미를 담은 유틸리타스 utilitas(유용성)에 개인적 욕구의 용인도 내포되어 있기 때문이다. 공동체가 위기에 봉착했을 때를 떠올려보자. 아테네가 위기에 빠져 도시를 방어할 수 있는 젊은 청년의 힘이 절대적으로 필요했던 경우 말이다. 젊은 청년이 공동체의 위기를 구하는 데 유용하면 유용할수록 아테네는 젊은 청년의 욕구를 용인할 수밖에 없었다. 오죽하면 플라톤Plato이 공동체의 위기를 젊은 청년의 힘에서만 찾지 말고 현인들의 정치에서 찾자고 주장했을까. 하지만 계속되는 전쟁 속에서 플라톤의 주장은 어떠한 힘도 발휘하지 못했다. 스파르타와의 싸움에서 패한 아테네에서 희망을 지탱시킬 수 있는 것은 오직 개인적인 욕구와 만족 추구를 찬양하는 에피쿠로스학파의 변론밖에 없었다. 공동체가 시민들의 삶을 보장하지 못할 때 시민들이 믿는 것은 오직 자신의 욕구와 자신들의 삶에 필요한 유용성utilitas밖에 없었던 것이다. 물론 에피쿠로스학파의 변론이 재화의 무제한 증식 운동으로 환원할 수는 없다. 하지만 그 변론은 공동체의 의무보다 개인적 삶의 요구를 더 우선시했다는 데 의의가 있다.

중세 시기 여러 덕목 가운데 인터레스트는 기독교의 위기 속에서 부각된다. 부를 소유하려는 욕망 혹은 부자가 되고자 하는 욕망은 기독교 문명의 이상과 대립된다. 기독교의 이상은 청빈하고 금욕적으로 생활하면서 신에게 경배하는 것이다. 하지만 교회는 이러한 금욕적인 생활과는 대조적이었다. 교회의 재산 증식은 언제나 예외였다. 교회의 재화와 보물은 신의 은총이었고, 따라서 그러한 재산의 증식은 신을 찬양하는 행위였다.

그러나 신의 대리 권력(교회와 국가)의 재물욕과 신도들의 재물욕에 대한 이중적인 잣대는 곧바로 중세 기독교 문명의 위기를 촉발시켰다. 종교전쟁이 벌어진 것이다. 교회의 재물에 대한 욕망은 비기독교 문명에 대한 전도의 욕망과 비례했다. 이는 종교전쟁을 불러왔다. 십자군 전쟁은 그 대표적인 예다. 십자군 전쟁이 교회의 보물 취득 욕망에서 비롯되었다는 사실을 기독교인들은 받아들이기 힘들지도 모르겠다. 하지만 기독교 국가들이 재산 증식을 위해 전쟁에 동참했다는 사실을 부인하지는 못할 것이다. 전쟁의 명분은 이슬람교도들에게 점령당한 예루살렘과 동방교회를 이교도로부터 해방시키겠다는 것이었다. 그러나 서방교회의 예루살렘 공격이 시작된 뒤 무자비한 학살에 직면하자 동방교회는 오히려 이교도인 이슬람 세력에게 자신의 보호를 요청했다. 결과적으로 십자군 전쟁은 명분 없는 전쟁이 되었고 막대한 전쟁비용만 지출했다.

 이 문제를 해결하기 위해 서방교회는 면죄부를 발행하여 불명예스런 전쟁 참여자의 죄의식을 완화시킴과 동시에 필요한 전쟁비용과 인력을 충당했다. 야훼의 신전을 되찾으려는 성전에 참여하면 천당의 지름길이 보장된다는 흑색선전은 너무나 성공적이었다. 유럽의 모든 기독교 국가들이 전쟁에 참여한 이유는 자신들의 고유한 인터레스트가 있었기 때문이었다. 그것은 다름 아닌 이웃 국가로부터 힘의 우위를 차지할 수 있는 재물과 명예의 동시 확보였다. 그 결과 십자군 전쟁은 야만적인 수탈 전쟁으로 끝나게 된다. 십자군 열풍이 재물욕 열풍을 만들었던 것이다. 서방교회와 서방국가들의 재물욕과 전쟁어 참여한 병사들의 재물욕이 서로 경쟁하는 아수라장, 이것이 십자군 전쟁의 진면목이었다.

이런 점에서 십자군 전쟁은 악으로 평가했던 인터레스트를 선으로 전환시킨 역사적인 사건이었다. 이는 십자군 전쟁 이후 서방교회가 보편교회 운동을 진행하면서 보였던 행보에서도 확인 가능하다. 운동에 필요한 재물을 면죄부의 남발로 극복한 것이다. 이로써 신도들의 죄의 양은 곧 교회에 축적된 재물의 양과 비례한다는 정식이 만들어지게 된다. 더불어 중세의 원죄론과 보편교회 운동의 신비를 벗어날 단초도 마련된다. 보편교회의 전도 활동(가톨릭 운동)이 강화될수록 막대한 재물이 필요했기 때문이다.

최근에 각광받고 있는 실험경제학은 이 당시 보편교회(가톨릭교회)에서 실험했던 사례, 즉 대중에게 어떠한 방식으로 재물 공여를 해야만 좀 더 많은 신도들을 만들 수 있는가에 대한 사례를 응용하여 인센티브incentive 제도를 어떻게 도입해야 정책적 효과를 만들 수 있는가를 연구하는 학문이다.

이와 같이 서방교회의 보편교회 운동은 재물 축적 운동과 함께 전개될 수밖에 없는 딜레마에 봉착한다. 그럼에도 서방교회는 재물 획득 운동의 대중적 전개를 강력히 반대한다. 성경에서 원금 이상의 이자를 받는 행위가 공동체를 파괴하는 죄라고 명시적으로 규정하고 있기 때문이다. 그리고 교회의 입장에서 화폐는 상품을 교환하는 수단일 뿐이다. 만일 그것이 지불 수단 혹은 채무

탕감 수단으로 사용된다면, 신의 위임 권력인 교회만이 채무를 탕감할 수 있는 권능을 갖는다는 교리가 허물어지기 때문이다. 또한 신의 은총이 인간의 노력보다 좀 더 많은 혜택을 준다고 설파했는데, 채무자가 채권자에게 좀 더 많은 것을 주게 되면 채무자가 신이 되고 채권자가 인간이 되는 사태가 벌어진다. 교회의 논리상, 신은 채권자, 인간은 채무자이어야 하는데, 그 반대의 사태가 만들어져서 교리상의 딜레마가 나타나기 때문이다.

자본(주의)은 유일신교의 종교 현상에서 나타난 위임 권력의 두 얼굴이다. 한편으로는 판옵티콘의 감시 권력으로, 다른 한편으로는 이해관계의 자기조직화로 나타난다. 자본주의는 타인을 지배하고자 하는 열망으로서의 정치 권력과 부를 축적하고자 하는 열망으로서의 보편종교의 전도 활동 속에서 태어난다. 그리고 열망들의 자기 분화 과정을 겪는다. 말하자면, 집합적 전체로서 혹은 하나로서 표상되는 열망이 원자적 부분으로서 혹은 다수로서 표상되는 열망으로 진화되는 것이다. 이 과정을 베버는 근대적 합리화로, 좀바르트는 중세적 비합리화로 설명한다. 하지만 자본주의는 다양한 요소들이 서로 융합된 체계다. 따라서 단일한 무엇으로 규정하기는 힘들다.

아날학파의 거장 페르낭 브로델Fernand Braudel에 따르면, 자본의 개념은 8세기 이탈리아에서 처음 나타난다. 돈 있는 사람이 돈을 대고 돈 없는 사람은 노동을 하여 시장에 유용한 물질을 생산하는 사회적 관계에서 자본 개념이 만들어졌다고 한다. 자본가 계급이 발전하기 위해서는 무엇보다도 새로운 것을 만드는 모험 정신과 새로운 시장을 개척하는 탐험 정신을 추구하는 집단이 출현해야 한다. 또한 이 집단은 교환관계의 발달로 인해 필요성이 증가한 대수학적 계산 능력도 뛰어나야 한다. 등가교환의 잣대를 만들기 위해서는 로마 숫자 체계가 아닌 아랍 숫자 체계의 도입도 필요했다. 아라비아 숫자에는 기준점인 영zero이 존재했지만 로마 숫자에는 그것이 없었기 때문에 교환 결과를 제대로 판단하기 어려웠다. 교환에 따른 계산의 합리성을 담보하지 못했던 것이다.

서양의 기독교 문화에서는 17세기에 이르러서야 본격적으로 대수학 체계에서 영의 중요성을 인식했기 때문에 중세에 잠자고 있던 자본주의가 좀처럼 깨어나지 못했었다. 게다가 중세 신학에서 이해관계 문제를 차단했기 때문에 경제 활동을 적극적으로 개진할 수도 없었다. 이익에 대한 열망, 돈을 사랑하는 열망이 신을 사랑하는 열망 속에 감금당했던 것이다. 이로 인해 자본주의적 사고는 십자군 전쟁 이후에 서서히 싹트다가 16~17세기에 이르러서야 본격적으로 자리매김하게 되었다.

요컨대 인터레스트는 정치경제학에 앞서 탄생된 열망으로서 종교전쟁 이후 출현했다. 동방교회의 중심지 콘스탄티노플이 이슬람 세력에 의해 점령당하자, 동방교회의 수많은 성직자와 수사들이 이탈리아로 되돌아왔다. 하지만 그들은 자신의 신분과 직책을 누릴 수 없었다. 로마교회에도 성직자들과 수사들이 충분했기 때문에 굳이 동방교회에서 유입된 성직자들과 수사들을 위해 자리를 마련해줄 필요가 없었던 것이다. 그들은 할 수 없이 자신들의 장점, 해박한 헬레니즘의 전통을 응용한 문학 작업에 몰두할 수밖에 없었다. 이것이 이탈리아에서 인본주의를 표방하는 르네상스가 탄생하게 된 원인 가운데 하나다. 이에 따라 인터레스트도 자연스럽게 부각된다.

동방교회와 서방교회의 성직자들은 종교적 위임 권력이었다. 그런데 그들이 자신들의 신분 향유를 놓고 서로 싸우는 모습을 대중에게 선보였다. 이는 대중이 위임 권력의 지배를 회의하게 만들었다. 뿐만 아니라 위임 권력이 독점하고 있던 재물에 대한 욕심을 부각시켜 대중의 재물욕을 부채질하기도 했다. 이런 점에서 인터레스트는 동방교회와 서방교회 성직자들 간의 자리싸움, 대중을 전유하기 위한 경쟁 속에서 탄생된 것이라고 말할 수 있다.

하늘의 신과 땅의 신

스피노자는 위임 권력의 횡포에 대해 비판하면서 유일신 야훼는 도대체 어디에 존재하는가를 질문한다. 그에 따르면, 모세는 신이 하늘에 있다고 생각했다. 그렇기 때문에 십계명을 받기 위해 신과 가장 가까운 곳, 산꼭대기에 올라갔다고 한다. 신이 땅에 있다고 믿었다면 산으로 들어가지 않고 천막 안에서 신의 계시를 받았을 것이다. 그랬을 경우 자신이 신과 대화하는 동안 남아 있던 유대인들이 우상을 숭배하는 잘못도 저지르지 않았을 것이고, 그에 따른 분노와 갈등도 없었을 것이라고 추론한다. 하지만 하늘에 신이 있다고 믿었던 모세의 신관은 달라지지 않는다. 오히려 예수에게까지 이어진다. 예수가 사후에 하늘에 계신 야훼의 오른편에 앉아 최후의 심판을 주재할 것이라는 교리를 보라. 그러나 그러한 신관 때문에 면죄부를 발행하는 동화 같은 이야기가 전개되었다는 것이 스피노자의 주장이다.

스피노자가 제기한 신의 존재 장소는 신학적으로 아주 중요하다. 신이 하늘에 존재한다고 하면, 신과 대중을 연결시키는 신의 대리자들을 필연적으로 상정해야 한다. 신의 위임 권력의 존재를 승인해주는 것이다. 과연 야훼는 어디에 존재할까? 하늘에 있을까 아니면 땅에 있을까? 프로이트에 따르면, 아브라함의 신, 야훼는 화산신이라고 한다.[27] 그렇다면 아브라함의 신은 땅에 존재해야 한다. 그런데 왜 모세는 하늘에 있다고 생각했을까? 잠시 신의 존재 장소에 대한 의문을 접어두고, 모세에 대해 생각해보자.

'모세'는 이집트어로 '아들'[28]이라는 뜻이다. 고대 이집트에서는 무슨무슨 신의 자식이라는 말을 즐겨 사용했다. 라-모세(태양신 라의 자식), 토트-모세(지혜의 신 토트의 자식), 프타-모세(조물주 프타의 자식)와 같은 식으로 말이다. 그렇다면 모세도 마찬가지로 앞에 신의 이름이 나와야 한다. 그 감추어진 신은 과연 누구일까?

이집트에서 감추어진 신은 오직 창조신 아몬amon뿐이다. 그렇다면 모세는 창조신 아몬의 자식이란 뜻인가? 정확히 알 수 없지만 그럴 개연성이 있다. 만일 아브라함의 신 야훼가 땅의 신이고, 모세가 창조신의 자식이라고 한다면 야훼와 모세 사이의 동맹관계는 재미있는 결과를 만들어낼 것이다.

지상에 새로운 야훼의 왕국을 세우기 위해 모세를 영입한 야훼는 모세에게 자신의 백성을 이끌고 이집트에서 탈출하라고 한다. 모세는 야훼와의 약속을 충실히 이행한다. 모세는 왜 야훼와 동맹을 맺은 것일까? 땅의 신 야훼가 자신이야말로 유일신이라고 재미있는 주장을 했기 때문인가? 그래서 지상에 유일신의 왕국을 창조하고픈 욕망이 일어났나? 그렇다면 그는 더 이상 아몬의 자식이 아니라 아톤aton의 자식이 된다. 다신교의 전통을 가진 이집트에서 오직 제18왕조 제3대 왕만이 유일신교를 표방했기 때문이다. 이 왕의 이름이 아톤이다.

아몬과 아톤에서 다른 것은 문자 'm'과 't'뿐이다.[29] 하지만 이는 아주 커다란 차이를 가져온다. 'a'의 상형문자는 갈대이고, 'n'은 물결이다. 이에 따라 'amon'은 갈대, 부엉이, 물결로, 'aton'은 갈대, 빵조각, 물결로 쓴다. 갈대는 능동적인 행위를 상징한다. 부엉이는 어둠 속에서도 무엇이든 볼 수 있는 눈을 가진 존재, 원시적인 물을 상징한다. 물결은 만물을 포용하는 것을 상징한다. 따라서 아몬은 어둠속에 쌓인 것을 뚫는 행위를 의미한다. 반면, 아톤은 빵을 만드는 행위라는 뜻을 담고 있다. 생명을 보존하는 행위가 유일한 인간적인 활동인 것처럼 햇빛만이 유일한 에너지의 원천이라고 천명하는 것이다. 따라서 아몬은 물의 상징, 아톤은 불의 상징이 된다.[30]

> **이집트의 창조신화**
>
> 이집트 창조신화에는 "존재하는 것으로부터 듣는다!"라는 의미가 담겨 있다.
>
> 1. 최초의 날에는 신의 빛이 보이지 않았다. 신과 타자가 서로 논쟁한다. 이어서 '자아'와 '타자'가 신의 빛에 대해 서로 논쟁한다. 타자가 신의 빛을 훔쳐 자신의 사타구니에 숨겨 놓고 신의 빛이 있다고 주장하기 때문이다. 신의 빛은 볼 수 있다. 암흑이 바로 빛을 만들기 때문이라고 한다. 이렇게 주장하는 타자는 신의 반영을 뜻하는 세트seth신이다. 이 반영된 존재는 '영원한 부정 혹은 절대적 부정'을 주장한다. 신의 빛은 오직 자신에 의해서만 설명할 수 있을 것이라고. 이것이 창조의 첫 번째 날에 나타났다. 그날은 마치 물속에서 모든 것이 혼돈스러운 상태로 존재하는 것과 같은 날이었다.
> 2. 두 번째 날에는 신의 빛과 세트가 논쟁한다. 이 논쟁으로 상승과 하락, 뜨거움과 차가움이 반복된다. 물속에 신의 빛을 숨겨 놓았던 세트는 마침내 그것을 대지 위에 놓는다. 그래서 신의 빛은 하늘에 있는 물과 땅 속에 있는 물로 구분되었다. 이것이 창조의 두 번째 날이었다.
> 3. 세 번째 날에는 신의 빛이 비가시적인 빛에 관심을 보였다. 세트

는 대지를 메마르게 하면서 가시적인 빛에 관심을 가졌다. 이리하여 하늘의 물은 땅과 구별되었다. 그리고 모든 종자는 땅 속에 숨겨진 채로 존재했다. 이것이 창조의 세 번째 날이었다.

4. 네 번째 날에는 서로의 전투를 생각하고 자신들의 힘을 재충전했다. 자아는 수동적인 시간을 원했고, 타자는 능동적인 운동을 원했다. 진정한 빛은 밤을 밝힐 것이고, 가시적인 빛은 낮을 밝힐 것이다. 그들은 자신의 영역을 무제한적으로 만들기 위해 서로 십자로를 그렸다. 이로써, 방위가 만들어지고, 낮과 밤, 계절, 그리고 모든 표면이 무너질 이승이 만들어졌다. 이는 셰트가 자신을 신으로 옹립하기 위해 계산된 전략에서 나온 것이다. 이것이 네 번째 날이었다.

5. 다섯 번째 날에는 신 자신이 스스로 '자아'가 되려고 마음을 먹었다. 신과 자아는 서로 결합하고 분리하면서 세트와 전투했다. 이로 인해 세트는 싸울 때마다 힘이 약화되었다. 이미 일곱 번째 전투를 했고, 아홉 번째 전투에서는 물과 공기가 삶을 잉태했고 유기체가 더욱 풍성하게 살 수 있는 여건이 조성되었다. 이것은 마치 약함이 강함을 제압하는 것과 같았다. 이것이 다섯째 날이었고 신에게 승리를 선사한 날이었다.

6. 여섯 번째 날에는 땅이 부식되었고, 땅에서 씨앗이 만들어지고, 식물과 동물이 만들어졌다. 생물체는 신에 의해 삶이 주어졌고 잠재적인 타자에 의해 번식되었다. 각자는 자신의 유전인자에 따라 번식했다. 각각의 종은 세계의 열두 장소 중 하나의 그림자였는데,

이는 집합의 유일한 존재로 집결되는 수 그리고 전체와 조화의 이미지였다. 이것이 바로 '자신의 신'과 '타자의 신'이 서로 전투하도록 반영된 '하나의 전체'로서, 땅에 쌓였던 잉여물로 인간이 만든 것이었다. '일자' 속에도 능동과 수동이 있었고 남성성과 여성성이 있었다. 인간이 아직도 신의 모방물로 나타나지 않았기 때문이다. 이 인간은 땅을 지배했는데, 땅으로 만들어진 인간이 땅에 대한 자신의 영혼을 신으로 반영하여 자신을 빛 속에 머무는 존재로 생각했다. 인간은 '전체'의 이미지였고 완전하게 그 자체였다. 세상의 모든 것은 인간에게 속했다. 이것이 여섯째 날의 밤이었고, 여섯째의 시간이었다.

7. 일곱 번째 날에는 모든 것이 완성되었다. 신 자신이 세트에게 되돌려 받았던 비가시적인 빛은 미약하게 되었고, 더 이상 빛나지 않았다. 황금의 빛보다도 약했다. 이것이 반영된 신이 정지한 날이었다.

그래서 땅 위에서 삶의 시간이 시작되었다. 그것은 창조의 시간 이미지였다. 우선, 밤과 낮 사이에 수증기가 올라가 모든 땅을 적셨다. 10일에 4번 이러한 운동을 했다. 모든 종자는 스스로 부풀었고 스스로 분해되었다. 새로운 땅은 모든 사물의 종자를 생산할 것이다. 이 땅은 '에덴'이라 불렸다. 살아있는 인간은 에덴에 거주했다. '물'과 '불'처럼 모든 이중적인 것이 그곳에 있었으며, 유혹과 방어가 그곳에 있었다.

인간은 땅에 거주하면서 자신의 정원을 보았고, 땅의 모든 사물에 이름을 붙였다. 그러나 아직 자신에겐 이름이 없었다. 왜냐하면 자신을 볼 수 없었기 때문이었다. 12일째 인간은 자신을 관조했다. 13일째 인간은 스스로를 보게 되었다. 자신이 자신과 다른 면을 보게 된 것이다. 남자가 여자로 보였고, 여자는 남자의 빛을 밝혀주었다. 그러나 그녀는 자아와 타자 속에 있었다. 남자는 여자에게 말했다. "너는 나의 다른 자아다." 여자는 남자에게 대답했다. "너는 나의 타자다. 너는 나의 적이다. 그러나 나의 욕망은 너에게 향한다." 이것이 인간이 남자와 여자를 처음으로 인식하게 된 순간이다. 남녀는 서로 결합하기도 하고 각기 다른 성분에 의해 죽을 때까지 싸우기도 한다. 이것이 땅에 거주한 최초의 인간 이야기다. 이 이야기는 지혜로운 성인이 인간의 자손을 위해 쓴 이야기다. 땅의 유한한 존재(조상)가 무한한 존재(후손)를 위해 쓴 이야기다. 그리하여 현손인 우리는 조상의 지혜를 후손에게 전할 책임이 있는 것이다.

출처: Schwaller de luibicz, *Le miracle égyptien*(Flammarion, 1960), pp. 183~185.

물과 불은 창조의 두 가지 시원적 요소다. 창조신 아몬의 왕관에 있는 두 갈래는 이 물과 불을 상징한다.[31] 하지만 유일신교를 표방했던 아켄아톤Akh-en-Aton 왕은 이것을 하나로 만든다. 모든 생명체는 빛에너지에서 소생한다고 믿었기 때문이다. 이집트 카이로 박물관에 남자의 얼굴에 여자의 몸을 가진 암수동체의 왕이 있는데, 이것이 유일신교를 표방한 왕즈에서 나온 조형물이다. 유일신교는 빛에너지를 숭배했다. 그래서 유일신교 왕조의 무덤에는 빛에너지에 대한 할례의 장면(태양에너지에 절하는 장면)이 수없이 나온다. 과연 이것이 상징하는 것이 무엇일까? 만일 빛이 새로운 역사를 만든 사건이라고 한다면, 그 역사적 사건이란 무엇일까?

이집트 문명은 나일 강 줄기의 기름진 땅을 중심으로 세워진 도시 문명이다. 각 도시에는 독자적인 신전이 있었고 신전은 곡물 저장소 역할을 했다. 나일 강이 범람하는 때에는 신전에서 곡식을 풀어 백성을 구제했다. 그 대가로 수확기에는 백성들이 신에게 감사의 곡물을 헌납했다. 이렇게 신전 중심으로 경제의 조화와 균형을 꾀한 것이 전통적인 이집트 문명의 특징이다.

그러나 식민지 개척 시대에는 이 같은 전통적인 삶의 방식과는 다른 새로운 삶의 양식이 요구되었다. 식민지의 존재는 식민지의 주민과 이집트인 간 평화로운 삶의 균형을 어떻게 이룰 것인가를 최대의 화두로 만들었다. 식민지 개척을 맨 처음 시작한 아켄아톤의 부왕 시기를 보자.

전통적인 방식의 가장 큰 문제는 외적의 침입에 대해 수세적으로만 대응하는 것이었다. 자립 경제에서 최대 약점은 외부의 적이었다. 이집트의 최대의 적은 사막 서쪽의 시리아인과 북쪽 가자지구의 히타이트인이었다. 아켄아톤 왕자는 부왕이 시리아인을 정복할 때 동행하여 그 곳에 존재했던 유일신교 신도들과 교류했고, 부왕이 죽자 유일신교를 전면에 내세워 통치했다.[32] 그러나 유일신교는 다신교 전통의 이집트로서는 도저히 수용하기 힘든 통치 철학이었다. 당시 이집트의 최대 도시이자 아몬 신전의 도시 테베에서 노골적인 반대의 물결이 일어났다. 결국 유일신교와 다신교 간 싸움이 벌어졌고 이집트는 장기 혼란에 빠졌다. 이러한 혼란의 와중에 히타이트족이 침입했다. 다행히 히타이트족의 침입에 맞서는 과정에서 내란은 수습되었다. 하지만 신전 파괴의 후유증은 여전히 남아 있었다. 다신교 집단들이 신전 파괴에 열을 올린 이유는 그들 특유의 영혼불멸사상 때문이다. 혹시라도 후세에 다시 유일신교의 폭정이 부활되지는 않을까 우려했던 것이다.

만일 모세가 유일신교 잔류파의 자식이라면 자신의 이름 앞에 금기시되던 신의 이름을 거론하지 못했을 것이다. 이런 점에서 모세가 섬겼던 신은 아톤의 신일 가능성이 높다. 아톤과 야훼 Jahve(Yahweh, Elohim)가 어떤 관계인지는 정확히 알 수 없다. 하지만 둘 사이의 관계가 밀접했음은 분명해 보인다. 성경에 야훼가 자신의 정체성을 거론하는 대목을 보자. "어제도 존재했고, 오늘도 존재하며, 앞으로도 있을 나, 야훼가 너희들에게 말하노니." 흥미로운 점은 이 같은 언설이 이집트의 여신 네이트neit의 담화에도 나온다는 사실이다. 네이트 여신은 처녀성의 일등성 자리를 상징하는데, 이 행성은 7년 주기를 갖는다. 그래서 7년 동안 나타나고 7년 동안 사라지는 네이트 여신은 자신의 존재를 망각할까봐 이와 같은 담화를 했다. 우연의 일치라고 하기에는 무엇인가 꺼림칙한 것이 있다. 혹시 네이트nt의 시뮬라크르simulacre

는 아톤tn이 아닐까? 대장장이의 신이자 조물주신인 프타pth의 시뮬라크르가 곡물의 봉헌을 상징하는 호텝htp을 의미하는 것처럼 말이다. 아무튼 야훼가 아톤과 일치한다고 주장하는 이집트학 학자들이 있는 것만은 분명하다.

하지만 아톤교와 야훼교가 전적으로 일치하는 것은 아니다. 양자에는 커다란 차이가 있다. 바로 보편종교로 출발했느냐, 민족종교로 출발했느냐다. 아톤교는 이집트의 제국주의 시대에 만들어진 보편종교다. 반면 야훼교는 아브라함의 가부장적 신에서 출발한 민족종교다. 야훼종교와 관련해서 "하나님으로부터 선택받는 백성" 이스라엘이 하나님의 전능함을 보여주기 위해 유대인을 선택했다는 유대인의 자가당착적인 말에 미혹되지는 말자. 선택받은 자는 신성문자인 상형문자를 이해하고 그 문명의 비밀을 후세에게 전할 책임이 있는 사람에게 부여되는 말이기 때문이다. 유대인의 민족종교가 보편종교로 자리잡은 것은 야훼교를 예수 이후 로마 제국의 종교로 만들려는 베드로의 노력과 그것을 이민족에게 전파하려는 전략을 세운 사도바울 덕분이었다.

이제 앞에서 제기한 문제, 즉 야훼가 존재하는 장소가 어디일까라는 문제로 다시 돌아가 보자. 야훼가 하늘에 있다는 모세와 예수의 믿음은 야훼를 보편종교로서 생각했기에 가능한 것이었다. 잊지 말아야 할 점은 이러한 믿음이 야훼교가 아닌 아톤교가 제시했던 길이라는 사실이다. 하지만 야훼교는 아톤교와 달리 조직 확장에 성공한다. 사도들의 후계자인 주교제의 도입 덕분이었다.

자본주의와
유일신 종교

신의 권력을 주교에게 위임하는 보편종교화 전략은 커다란 성공을 거두었다. 주교(위임 권력, 감독 업무)의 존재가 하늘의 신을 땅의 신으로 하강시키는 효과를 만들었기 때문이다. 주교들이야말로 야훼종교에서 진정으로 선택받은 자들이었다. 조직이 끊임없이 확대 재생산하면 할수록 그들의 부와 명예와 믿음은 삼위일체를 이루었다. 종교개혁 이후에는 개신교의 목사들도 그 몫을 분할받았다.

이집트의 창조신 아몬

이 그림을 어디에서부터 읽어야 할까? 그림이 좌우동형일 경우 중앙이 핵심인 때가 많으므로 중앙부터 읽어보자. 자세히 관찰하면 가운뎃줄만 글자들의 방향이 서로 엇갈려 있다.

〈제왕의 자질은 왼편에서는 권력과 덕성을, 오른편에서는 평화와 삶을 지지한다. 왕이 아몬신에게 자신의 능력을 정화시키는 청원을 하니, 아몬신은 왕에게 삶과 평화를 주는 말씀을 하신다.〉

운 좋게 제대로 찾아 읽은 것 같다. 이 한 줄의 해석으로 그림의 내용이 한 눈에 들어왔기 때문이다. 아몬신부터 읽어 내려갈까 아니면 왕부터 읽어 내려갈까라는 고민도 사라졌다. 왕이 어떤 소원을 아몬신에게 말하는지가 먼저이기 때문이다. 왕의 청원을 읽어보면, 다음과 같다.

〈북왕조, 남왕조 주인, 창조신 아몬, 태양신 라Ra, 조물주 프타흐Ptah의 영령이여, 셋을 하나로 만드는 지혜신 토트의 영령이여! 당신들의 진리가 강력히 작용하여 삶과 평화가 있게 하소서. 저승에서도 한결같이 받들겠나이다. 심장의 기쁨이 처음처럼 천년동안 넘치게 하소서.〉

이제 의자에 앉아 있는 신, 창조신 아몬의 말씀을 읽어보자.

〈삶과 평화의 주인, 정의와 덕의 주인, 두 땅과 세 하늘의 주인이자 하늘과 세상을 창조한 나 아몬이 삶과 덕이 있는 너희들에게 말하노라. 언제나 말씀을 저승에서도 한결같이 받들어 삶과 덕의 왕국, 정의롭고 부강한 왕국, 기쁨과 풍요의 왕국이 되도록 하라!〉

이 담화가 이루어진 장소는 조물주 프타흐의 대장간이다. 원호로

> 된 천장의 중앙에는 태양신 라의 빛이 균형과 조화의 신 마트Maat
> 의 날개와 같이 펼쳐진다.
> 아몬신의 윗부분 오른쪽 원호: 〈두 땅의 주인의 위대한 심장에는 삶
> 과 평화, 이집트에는 신성한 힘이 넘치는구나!〉
> 왕의 윗부분 왼쪽 원호: 〈삶의 평화를 되돌려주니, 이집트에는 신성
> 한 힘이 넘치는구나!〉

위임 권력의 존재는 정통과 이단의 가늠자 역할을 했다. 이단은 스스로를 권력자의 위치에 놓지만 정통은 권력을 위임받은 자가 권력자를 대신하여 권력을 행사하기 때문이다. 초기 기독교에서 이단의 수는 80에서 120개 사이에 육박했을 정도로 대단했다.[33] 하지만 위임 권력의 폭력에 의해 정리되었고 이를 통해 기독교는 보편교회의 교세를 더욱 확장할 수 있었다. 삼위일체 교리의 채택은 여기에 결정적인 기여를 한다. 성부, 성자, 성령의 삼위일체는 본래부터 기독교의 애매모호한 성격으로 인해 만들어진 트릭trick이었다. 트릭을 징죄하는 데는 트릭만큼 효과적인 것이 없다. 그래서 삼위일체 교리는 이단을 벌하는 주요 도구로 활용된다. 물론 부작용도 있었다. 예컨대 발렌티누스Valentinus는 사랑의 삼위일체, 'uni amor ibis trinitas(사랑이 있는 곳에 신의 삼위가 있다)'를 주장했음에도 불구하고 이단자 누명을 뒤집어쓴 채 처단당한다. 결국 사후에 복권되기는 했지만, 이와 같은 어처구니없는 일이 신의 위임 권력에 의해 벌어졌다는 사실은 누구도

부인 못할 것이다.

　삼위일체 교리로 처단당한 대표적인 이단은 영지주의(그노시스주의) 세력이었다. 이들은 주로 신의 창조적 본성에 대해 문제를 제기하면서 보편교회보다 더 종교적이고 경건한 믿음 속에서 '가시적인 창조신'에 대한 변론을 찾기 위해 사색에 몰두했다. 그럼에도 위임 권력과의 입장 충돌로 인해 희생당했다. 논리적으로 생각해 보면, 창조신의 가시성에 대한 변론 이후에 관련 교리가 나올 법도 하다. 그러나 보편교회는 그런 교리를 만들지 않았다. 보편교회 교리는 논리적 엄밀성보다는 현실주의적 실용성에 바탕을 두었기 때문이다. 자신의 확장 운동에 필요한 교리만을 만들었던 것이다. 이런 점에서 정통에 의한 이단의 처단은 이단의 관념론적 사고가 정통의 유물론적 사고에 의해 참패당한 것이라고 말할 수 있다. 하지만 특정 관념을 믿는 것이라는 종교의 본성에 비추어보면, 이단이 정통보다 더 종교적이라는 말도 가능하다.

　창조신이 가시적인가 비가시적인가 하는 문제는 유일신 체계인가 아니면 다신교 체계인가의 문제로 구분된다. 다신교 전통의 이집트에서 창조신 아몬은 비가시적인 신이었다. 그런데 아톤교가 등장하면서 비가시적인 창조신 아몬은 가시적인 빛의 신과 동일시된다. 그러나 이 같은 변화는 문제가 발생할 가능성도 높였다. 햇빛은 생물이 에너지를 만드는 데 필수불가결한 요소지만 강력한 햇빛은 삶을 질식시킬 수 있듯이 가시적인 창조신의 등장

자본주의와
유일신 종교

은 창조의 불길을 조절하지 못해 파괴를 만들 수도 있기 때문이다. 진정으로 창조의 역능이 꽃을 피우려면 기쁨으로 다가가야 한다. 지나친 창조는 기쁨마저도 앗아가는 결과를 초래한다.

    이러한 사실 때문에 야훼의 등장에는 야훼의 힘을 조절할 수 있는 매개자가 반드시 필요했다. 예수는 그 역할을 훌륭히 수행했다. 덕분에 복수의 화신으로서 야훼의 이미지가 은총과 평화의 신 이미지로 바뀔 수 있었다. 그리스도교의 놀라운 성공은 이렇게 유일신교의 파괴적 이미지를 평화적 이미지로 전환시킨 대가일 따름이다. 하지만 그렇게 만들기 위해서는 땅의 신 야훼를 하늘의 신으로 만들어야만 했다. 그리고 본래 야훼가 있던 땅의 신 자리에 국가라는 괴물 리바이어던leviathan을 대신 배치시켜야만 했다.

리바이어던

땅의 신 야훼가 파괴적 본성을 갖는다고 한다면, 그것의 대용물인 국가 또한 마찬가지의 본성을 갖는다. 파괴적 본성을 지닌 국가가 공공을 위해 어떠한 역할을 수행할 수 있는가라는 질문은 일찍이 토머스 홉스Thomas Hobbes에 의해 제기되었다. 그것은 의외로 간단한 문제였다. 인간의 삶을 만인 대 만인 사이의 투쟁으로 묘사하고 국가를 그러한 투쟁에서 야기되는 비극을 막기 위한 신의 계약으로서 소환하면 되기 때문이다. 하지만 이 단순한 아이디어가 이해관계 속에서는 대단히 복잡해진다. 1861년에 간행된 홉스의 《리바이어던》은 의회와 영국 왕 찰스1세가 대립하던 때 쓰였다. 이 대립으로 인해 영국은 선조들이 점령했던 프랑스의 땅 브레타뉴 지방을 잃어버릴 가능성이 높았다. 《리바이어던》은 그러한 위험에 대한 경고였다. 하지만 홉스의 경고는 의회보다 봉건적 왕정을 옹호하는 왕당파의 입장으로 해석되기도 했고, 공통−부common-wealth에 대한 자각 속에서 입헌군주제와 시민주권을 절충시킨 것이라고 해석되기도 했다. 특히 공공의 이익을 둘러싼 인간의 권리와 의무에 대한 자연법을 토대로 하기 때문에, 신정神政국가를 부인하는 것으로 해석되기도 했다.

홉스의 《리바이어던》 파문은 대륙으로 확산되었다. 국가를 공공의 재산을 보호하는 기능자로 묘사한 시민 권력에 대한 이론서로 보였기 때문이다. '커먼웰스common-wealth'는 단어를 분리하면 '공통의 부富'라고도 해석된다. 하지만 일반적으로는 라틴어 키위타스civitas에 유래된 말로, '시민적 권력으로서의 주권'을 뜻한다. 그리고 성경에 나오는 괴물 '리바이어던leviathan'으로 표상된다.

홉스의 주권론이 논란을 야기할 수밖에 없었던 이유는 무엇보다도 개인적인 이해관계interest에서 출발하여 "공공의 유용성utilitas publica"을 강조했기 때문이다. 하지만 이러한 사고가 곧바로 중세의 신적 세계관에서 탈피하여 근대의 이성적 세계관으로 완전하게 전환한 것이라고 말할 수는 없다.[34] 만인들의 신의 계약에 따른 땅의 신(커먼웰스의 법률) 위에 하늘의 신(야훼)이 주재하는 자연법을 상정했기 때문이다. 그럼에도 불구하고 홉스의 주권론은 이해관계를 전면에 내세워 이해 상충을 유발한 다음 그것의 대안으로 정치통합의 형태를 고민했다. 어쩌면 이것이 중세적 신학정치의 파국을 극복하는 훌륭한 대안이었는지 모른다. 신적 위임 권력의 재산축적 열망에 따른 문제를 해결하기 위해서는 인민도 부를 축적하고픈 열망이 있다고 주장해야 했다. 그것으로서 기존 정치 권력의 권위를 옹호할 수 있기 때문이다.

하지만 유럽 대륙에서는 종교 권력의 문제를 적극적으로 개혁하려는 운동이 벌어졌다. 가장 먼저 시행한 것은 성직자들이 독점했던 라틴어본 성경을 대중의 언어로 번역하는 작업이었다. 루터Martin Luther의 종교개혁은 성경과 모순돈 로마 교황청의 정책을 대중에게 고발하고 경건한 신앙생활을 강조하는 것이었다. 칼뱅의 종교개혁은 금욕주의를 생활규범과 법률로 정착시키려는 노력이었다.

하지만 이러한 현세 내적 금욕주의를 전혀 사치스럽지 않는 대중에게 강요하는 것은 무익한 일이었다. 오히려 "공공의 유용성"[35]을 표방했던 중세적 국가의 모순을 대중에게 고발하는 효과만 증폭시켰다. 유럽 대륙의 종교개혁에서 정치개혁과 법률개혁이 맞물려 나타났던 이유가 이 때문은 아닐까? 公과 私의 구분을 철저하게 하면서 공적인 것과 사적인 것을 양방향에서 서로 규제하는 관계로 인식했던 것도 현세 내적 금욕주의의 강조에서 비롯된 태도라 생각된다. 공공의 유용성을 담보하지 못하는 군주는 폭군이고, 집단의 삶에 해를 끼치는 개인의 행동은 금지된다는 식으로 말이다.

이것은 교회와 국가를 각각 하늘의 신과 땅의 신으로 나누어 공공의 유용성을 실현하려 했던 정치적 독트린으로 발전한다. 이 독트린에서 교회는 대중의 영혼을 통치하고 국가는 신체를 통치하는 존재로 그려진다. 그러한 인식을 바탕으로 교회는 영혼이 거주할 미래의 은혜의 왕국을 주장하고 국가는 육체적 삶을 보장하는 현재의 정의의 왕국을 주장했던 것이다.

'공공의 유용성'과 '개인의 이해' 사이의 평행관계는 영국의 커먼웰스 시기처럼 과도기적 단계를 거친 이후 공공의 유용성보다는 개인의 이해를 우선시하는 쪽으로 기운다. 근대의 문이 활짝 열린 것이다. 물론 여기서 개인의 이해는 개인이 자신의 관심사에 따라 구체적으로 행동하는 자율성을 의미했다. 다시 말해 '공적 행위'로 개입하고 구속할 수 없는 영역이었다.

근대적 개인의 탄생: 이해와 열정

개인의 자율적 영역의 존재는 공적 유용성에 대한 인식에도 변화를 불러일으켰다. 신적 의지와 결합된 공적 유용성이 아니라 개인의 이해관계를 통합하는 공적 유용성으로의 변화였다. 이에 따라 개인에 대한 판단 기준도 바뀐다. 도덕적·종교적 규범을 잣대로 개인의 행위를 규제하는 것이 아니라 공공의 이익에 개인의 행동이 얼마나 공헌했느냐를 기준으로 개인을 판단하는 방식으로 변했다. 근대적 개인이 탄생한 것이다.

이는 개인의 이해와 국가의 이해 간 관계를 동질적이고 연속적인 것으로 설정했기 때문에 가능했다. 개인이 잘살기를 원하듯이 국가도 부유해지길 원하는 것처럼 서로 간의 관계를 상극相剋이 아닌 상생相生하는 관계로 인식했다. 이 같은 변화는 정치의 개념도 바꿨다. 나를 위한 행위가 곧 국가를 위하는 행위라는 식으로 말하는 것이 곧 정치 활동이라고 생각하게끔 만들었다. 다시 말해서, 소수가 다수의 이름으로 자신의 이득을 극대화시키는 언설과 행위를 하는 것이 곧 근대적 정치이자 근대적 정치 활동이었다. 개인적 이익보다 공익을 우선시하는 정치, 개인적인 선보다 공공의 선을 추구하는 정치는 더 이상 근대적 정치가 아니었다. 그것은 공과 사를 대립관계로 설정하는 전근대적인 정치이자 도덕 정치에 지나지 않았다. 반대파의 행위가 공공선에 위배된다는 논리로 정쟁하는 것은 근대적 정치가 아니라 전근대적 정치이며 반대를 위한 정치이기 때문에 진정한 의미의 정치가 아닌 것으로 간주되었다.

이 같은 정치 개념의 변화로 인해 진정한 정치란 자신의 이익과 국가의 이익 혹은 대중의 이익이 서로 통하는 경로를 찾는 것, 다시 말해 반대가 아닌 대안을 찾는 것이 되었다.[36] 선악의 대립구도, 하늘의 신과 땅의 신의 대립구도가 더 이상 영향력을 발휘할 수 없게 된 것이다. 이에 따라 개인의 이익에 의한, 개인의 이익을 위한, 개인의 이익에 대한 정치적 활동은 공적 능력을 배가시키는 것으로 표상되었다. 경제적 이익이 선악보다 더 선행하는 것으로 간주되었다.

개인의 이해와 열정을 정치적 관계에 적용하면서 선/악과 정통/이단의 이분법을 주창했던 중세적 도덕관도 동요하기 시작했다. 당대의 현실을 보라. 야훼로 표상되는 최고의 선을 믿는다고 선한 행동을 하는 것은 아니었다. 선한 사람만이 선한 행동을 하는 것도 아니었고, 악한 사람만이 악한 행동을 하는 것도 아니었다. "원수를 네 몸같이 사랑하라"는 강령이 사랑의 실천으로 이어지지 않았다. 진정한 사랑이란 자신의 정념을 사랑하는 대상에게 투사시키는 것이 아니라 상대방이 그 정념을 수용할 때까지 기다리는 것이다. 개인의 생귈라리테singularité(독자성 혹은 특이성)를 존중해야 한다는 말이다. 중세적 도덕관에는 이 점이 결여되어 있었다. 개인의 이해와 열정이 선한 의도를 왜곡시킨다고 보았다. 반면 근대적 도덕관은 달랐다. 오히려 개인의 이해와 열정을 선한 의도를 꽃피우는 인자로 보았다.

근대적 도덕관은 두 가지의 상이한 경로로 나뉜다. 첫째는 공리주의적 도덕 관념이다. 공리주의적 도덕 관념은 인간이 쾌락과 이익 계산에 따라 도덕적으로 행동한다는 사고다. 이 관념에 따르면, 인간은 장기적으로 보면 도덕적으로 행동하는 것이 유리하기 때문에 도덕을 지킨다. 계산하지 못할 경우에 직면하면 자생적으로 생긴 관습과 습성에 따라 행동한다. 하지만 공리주의적 도덕관이 중세적인 도덕관과 완전히 결별한 것은 아니다. 중세적인 도덕관도 도덕이 신과 인간의 거래에 의해 만들어진다고 사고하기 때문이다. 그렇다고 차이가 없는 것은 아니다. 중세 도덕관의 경우 도덕적인 보람을 이승에서의 고통은 저승에서의 축복이라는 정식으로 설명한다. 말하자면, 중세적 도덕관은 희생을 찬양하고 실천하는 강령을 표방하는 반면, 공리주의적 도덕관은 희생을 전제하면서 희생되지 않으려는 몸부림으로서의 도덕을 주장한다.

둘째는 실천하기 힘들다는 이유로 도덕적 정언명령이 만들어졌다는 칸트의 도덕관이다. 칸트에 따르면, 도덕은 순수한 욕망이 표출한 실재의 윤리로서 등장한다. 의무 이행의 가능성을 통해 의무를 설명하는 것이 아니다. 경험적 대상과 그 대상을 통해 주체에게서 생성되는 쾌락 사이에는 어떤 선험적인 연계도 없기 때문이다. 도덕 법칙은 욕망의 단순한 명령일 뿐이다. 칸트의 정언명령이 초자아의 명령이듯이 근대적 도덕관은 문명의 심장부에 있는 불만과 불안으로 인해 만들어진 것이다. 그래서 "인간은 자신이 알고 있는 것보다 덜 도덕적일 뿐만 아니라 스스로 도덕적이라고 믿는 것보다 훨씬 더 도덕적이다". 마찬가지로 "인간은 자신이 믿고 있는 것보다 덜 자유로울 뿐만 아니라 스스로 알고 있는 것보다 훨씬 자유롭다".[37]

근대적 국가는 머리가 두 개 달린 뱀처럼, "왕이 국민 위에 군림하고 그리고 인터레스트가 국민 위에 군림"[38]한다. 이는 근대 초기 유럽 국가들의 패권 다툼 때문이었다. 국력은 정치, 군사, 경제적인 힘에 따라 결정된다. 그런데 중상주의적 국가의 출현은 경제력과 국력을 교배하도록 만들었다. 그리고 그에 따라 중세적 도덕에서 금지되었던 개인의 재산 축적 욕망이 왕의 이해 계산에 의해 용인되었다.

18세기에 이르면 "인터레스트는 국가이성"이라고 불리고, "폭군의 폭군"이라고 주장되기까지 했다. 그러면서 인터레스트는 이해득실 관계에 대한 계산능력뿐만 아니라 타국의 행동에 대한 전략적 행동까지 포괄하는 단어로 급부상한다. 공리주의자들은 후에 이것을 정교하게 가다듬어 이익의 원리에 따른 행위이론과 더불어 시장의 규범으로 정착시킨다. 이탈리아의 경제학자 파레토에 의해 만들어진 공준이라고 해서 이름 붙은 파레토의 최적공준은 타인의 효용을 감소시키지 않고는 나의 효용을 증가시킬 수 없는 상황을 말한다. 그런데 이 공준도 국가이성이 인터레스트에 심취했을 때 탄생한다. 도덕철학과 정치학으로부터 경제학의 해방 또한 근대적 개인(호모 에코노미쿠스)의 출현으로 가능했다.

다른 한편으로 전통적 경험주의와의 단절에 따라 사회계약론이 대두하기도 했다. 홉스, 로크, 루소Jean-Jacques Rousseau, 헤겔에 이르기까지의 사회계약론은 근대적인 원자화된 개인과 개인적 의지를 어떻게 사회적으로 통합시킬 수 있을까를 다루었다.

이와 달리 맨더빌, 흄, 스미스는 경제학에 의지하여 개인을 세계의 중심으로 설정하고 인간의 사회적 관계를 뉴턴 물리학의 메커니즘으로 해명하려 노력했다.

하지만 이러한 학문적인 노력 속에서도 여전히 고유하게 남아 있는 패러독스가 존재했다. 바로 근대적 인간이 느끼는 자아의 공허함이었다. 부의 축적 욕망은 사랑을 고백해도 외면하는 사랑의 이야기처럼 슬픔만을 불러왔다. 어쩌면 그것은 하늘의 신 야훼에 대한 '짝사랑'이 아니라 땅의 신 국가에 대한 '외사랑'이었을지 모른다.[39]

외사랑과 짝사랑의 패러독스

아주 오랜 옛날, 인간과 신이 한 마을에 살았다. 어떤 사람들은 이 마을을 에덴Eden이라고 불렀지만, 그것은 알 수도 없을 뿐더러 중요한 사항도 아니다. 중요한 것은 이 마을에서 벌어진 어떤 슬픈 사랑 이야기다. 신은 인간을 무한히 사랑했다. 인간도 신을 사랑했다. 그래서 둘은 영원히 사랑할 것을 맹세했다. 그러나 인간은 유한한 존재였기에 사랑도 유한할 수밖에 없었다. 하지만 신은 인간이 자기처럼 무한히 사랑하길 원했다. 영원히 사랑하자고 맹세해 놓고 배신한 사랑은 사랑이 아니라고 생각했다. 인간에게는 자신과 같은 무한한 사랑이 없다고 생각했다.

그래서 신은 인간에게 말했다. "너에게는 사랑이 없다!" 이 말은 듣는 순간 인간은 아무 말도 할 수 없었다. 너무나 뜻밖의 말이었기 때문이다. 신이 나를 사랑한다면, "난 널 사랑해!"라고 말해야 하는 것 아닌가. 그런데 신이 나에게 사랑이 없다는 말을 하다니. 내가 무엇을 잘못했나. 신이니까, 신의 말은 거짓이 없을 텐데. 아무리 생각해도 알 수 없었다.

사람들이 마을회관에 모여 의논했다. 어떤 사람이 이런 말을 했다. "우리가 서로 싸워서 신이 화가 난 것일 게야!"라고 말했다. 그 말에 누군가 반박했다. "아니야, 우리가 서로 화목하게 지내서 신이 화가 난 거야!" 두 말은 평행선처럼 결말이 나지 않았다. 사람들이 싸워서 신이 화가 난 것이라고 주장하는 논지는 사랑은 온유한 것인데 서로 싸워서 그 온유함을 잃어버렸기 때문이라고 말했다. 그에 대한 반박 또한 만만치 않았다. 만일 우리가 신을 사랑했는데 신이 우리 말고 다른 마을사람들을 사랑했다면 화가 솟는 것처럼, 우리끼리 서로 사이좋게 지내면 신이 외톨이가 되니까 화가 났을 거라고 말했다. 이에 대해, 너는 너의 자식들이 사이좋게 지내면 화가 나냐, 아니면 서로 싸우면 화가 나냐고 따지듯 물었다. 이에 너는 사랑하는 사람이 다른 사람과 놀아나면 화가 안 생기냐고 반박했다. 더구나 신은 우리에게 나 이외의 다른 신을 섬기지 말라고 말하지 않았냐는 말을 덧붙이면서. 이 말에 우리가 우리끼리 화목하게 지내는 것이 다른 신을 섬기는 것이냐는 반박이 즉각적으로 돌아왔다. 그러자 온유함을 가장하면서 어떻게 그렇게 편협하게 내 말을 해석하냐고 대들었다.

자본주의와
유일신 종교

그만큼 신이 질투심이 있다는 말이지, 어찌 우리가 신이라고 주장했단 말이냐고 되물었다.

결국 "너에게는 사랑이 없다"는 말이 불씨가 되어 인간은 두 편으로 갈라지게 되었다. 이를 온유파와 질투파라고 부르자. 온유파는 신의 말을 바탕으로 인간의 내면적 정서 문제를 거론했고, 질투파는 인간의 내면적 정서를 바탕으로 신의 말을 해석했다. 둘 사이의 끝없는 논쟁은 로크적 의미에서 "중재할 수 있는 권력"[40]이 부재한 자연상태에 직면하게 되었다.

온유파는 자신의 의도와 달리 자신의 입장을 굽히지 않아서 자신의 주장과 모순되는 결과를 만들었다. 신의 말을 추종하다보니 사랑이 없는 것으로 되어버렸다. 반면, 질투파는 신과의 사랑을 위해 자신의 입장을 끝까지 관철함으로써 인간 사회의 화목을 깨어버렸다. 만일 자신이 신이라고 가정한다면, 이와 같은 동화를 듣고 둘 중 누구를 선택해야 할까?

만일 신이 누군가를 선택했다면, 선택된 사랑은 짝사랑이 될 것이고 선택되지 않는 사랑은 외사랑이 될 것이다. 선택된 사랑이 짝사랑이라는 말에 다소 맞지 않는 부분도 있긴 하지만, 여기서는 선택의 의미를 짝사랑의 대상에게 짝사랑하는 이의 마음이 전달되어 그 사랑을 수락받았다는 의미로 사용한다. 그리고 외사랑은 답장 없는 편지처럼 외롭고 쓸쓸한 사랑으로 국한시켜서 해석한다. 이렇게 하면 별 무리가 없을 것이다.

그렇다면 당신에게 사랑이 없다고 말한 사랑은 어떤 사랑일까?

그것 또한 사랑의 주체가 누구냐에 따라 두 가지로 나뉠 것이다. 사랑의 주체가 하늘의 신이라고 한다면, 사랑의 영원성에서 출발한 사랑이기 때문에 '사랑의 고유성固有性'이라 불릴 것이다. 만일 그 사랑의 주체가 땅의 신이라고 한다면, 사랑의 유한성에서 출발했으므로 '사랑의 이기성利己性'이라고 불릴 것이다. 그런데 재미있는 것은 사랑의 고유성과 사랑의 이기성 모두가 '자신에 대한 사랑'에 기반을 둔다는 사실이다.

인간의 사랑, 특히 남녀 간의 사랑에는 세 종류가 있다. 첫째는 이기적인 사랑이다. 이 사랑은 자기애를 강하게 가진 사람이 자기를 좋아하는 짝사랑과 만났을 때 나타난다. 이러한 경우에는 "나는 좋아하지 않는데 상대방이 나를 좋아해서 사귀게 되었다"고 말할 것이다. 그래서 이러한 사랑은 타자의 욕망에 대한 사랑이라 말할 수 있다. 둘째는 두 종류의 짝사랑이 만났을 경우다. 이러한 사랑은 이상적인 사랑이 말할 수 있다. 셋째는 두 종류의 이기성이 만났을 때 출현하는 사랑이다. 서로 싸우다가 정이 들어 사랑하게 된 경우, 이러한 사랑은 '물화된 사랑'[41]이라 말할 수 있다.

무한자와 유한자의 사랑은 사랑의 주체에 따라 나뉜다. 첫째는 사랑의 주체가 하늘의 신인 경우다. 하늘의 신이 유한자 인간보다 땅의 신을 사랑할 경우, 인간은 하늘의 신을 원망할 것이고 땅의 신은 하늘의 신의 사랑에 힘입어 더욱 더 경거망동할 것이다. 이러한 관계는 야훼-모세-유대인의 관계로 표상되기도 한다. 야훼가 유대인 중에서 자신을 충실히 따르는 심복 아브라함을 가부장으로 세우고, 나아가 모세로 하여금 유대인의 왕이 되어 이집트를 탈출하게 했다는 견해다.

논란의 여지가 있지만 이러한 견해는 악의 시작이다. 악이란 부착된 자의 욕망으로서 비교 정신에서 나온다. 야훼도 믿음을 척도로 인간을 저울질했다. 야훼의 사랑에 대한 패러독스는 믿음의 척도 속에 있었던 것이다. 이어지는 악은 신이 인간이 아닌 왕을 더 사랑했다는 데에서 나온다. 왕이 왕인 까닭은 신이 왕을 지목했기 때문이 아니라, 인간이 자신의 필요에 의해 어느 개인을 왕으로 인정해서다. 그런데 야훼교는 왕이 왕이기 때문에 왕이라고 가르친다. 이러한 야훼의 사랑에 대한 최초의 반란은 유대인이 유대인 왕 모세를 살해한 사건일 것이다. 유대인이 자신들의 진정한 왕의 도래를 외치는 이유가 이 때문인지도 모르겠다. 아무튼 유대교는 메시아의 도래를 외치는 종교로서 자리매김되었고 이것이 유대교의 가장 큰 강점일 것이다. 그럼에도 불구하고 야훼교의 악마적 본질은 하나도 변하지 않았다. 인간을 유대인과 비유대인으로 구분하게 만들었기 때문이다.

이것과는 전혀 다른 견해를 주장할 수도 있다. 유대인이 자신의 필요에 의해 왕을 세웠고, 그 필요성이 충족되자 왕의 자리를 공백으로 만들었다는 견해다. 유대교가 삶의 중요한 고비에 선지자들이 등장하여 삶에 필요한 비전을 제시하는 종교로 자리매김한 이유도 이 때문이다. 유대교가 구세주를 끊임없이 갈구하는 이미지, 선택받은 자의 이미지를 얻은 것은 삶의 위기 시에 왕의 권위를 인정하지 않는 인간의 삶에 필요한 지혜를 제공한 덕분이었다.

하지만 중요한 것은 그러한 명성이 아니다. 유대교의 진정한 면모다. 진정한 유대교는 민족주의적인 시온주의가 아니다. 율법 중심의 실천종교도 아니다. 오히려 비민족주의적이며 문명의 지혜를 찾아 끊임없이 연구하면서 인간 삶에 필요한 아주 보잘 것 없는 작은 조약돌 같은 것들을 바꾸기 위해 위대한 정신을 호명하는 종교다. 위대함은 부와 권력이 아니라 가장 밑바닥에 살고 있는 사람들의 삶 속에 있기 때문이다. 유대인 랍비들 중 이와 같은 주장을 하면서 위대한 이집트 문명의 지혜를 올바로 계승한 자도 있을 것이고 사랑이 문명의 꽃이라는 로마 문명의 가르침도 올바로 계승한 자도 있을 것이기 때문이다. 만일 이것이 진정한 유대교라고 한다면, 예수교는 유대인의 왕과 구세주의 역할을 자청하면서 거짓 유대인 종교와 참 유대인 종교, 양자를 절충하여 만든 사이비종교라고 할 수 있다.

하늘의 신이 땅의 신보다 인간을 더 사랑하는 경우는 여기에서 만들어진다.[42] 이러한 사랑 때문에 땅의 신은 한편으로는 하늘의 신을 사칭하고 다른 한편으로는 하늘의 신을 무시·비방하면서 인간의 마음을 포섭하려고 회유할 것이다. 예컨대 땅의 신으로 표상되는 존재인 왕은 국부의 창출을 위해 교황(하늘의 신의 대리자)을 무시하고 백성들에게 부에 대한 욕망(인터레스트)을 장려했다. 하지만 인간은 하늘의 신과 땅의 신 사이를 방황하면서 스스로 분열되었다. 하늘의 신을 더욱 더 애타게 믿는 금욕주의를 주창하거나 왕의 회유에 포섭되어 물질에 대한 끝없는 욕망에 사로잡히게 된 것이다.

둘째는 사랑의 주체가 땅의 신인 경우다. 이는 다시 두 가지로 나누어볼 수 있다. 먼저 땅의 신이 인간보다 하늘의 신을 더 사랑한 경우다. 땅의 신으로 표상되었던 교황 권력의 황금기가 여기에 해당된다. 특히 교황의 무오류성을 주장하면서 마녀사냥을 하고 면죄부를 판매하면서 재물 축적의 욕망을 꽃피웠던 중세 시대의 암흑기가 그러했다. 다음으로, 땅의 신이 하늘의 신보다 인간을 더 사랑한 경우다. 땅의 신으로 표상된 국가가 부의 축적을 위해 근대적 개인의 노동을 활용했던 공리주의적 사례가 여기에 들 수 있다. 그렇지만 국가는 정치적으로는 포섭과 배제의 원리에 따라, 경제적으로는 부의 소유 여부와 노동에 따라, 사회적으로는 중심과 주변의 원리에 따라 인간을 분할했다. 즉 국가는 하늘의 신을 짝사랑 하고 인간은 외면하는 외사랑을 했다.

마지막으로, 사랑의 주체가 인간인 경우다. 인간이 하늘의 신을 외면하고 땅의 신을 선택했다면, 하늘의 신 야훼는 인간을 짝사랑하지 않고 다른 신을 섬긴다 하여 외면할 것이고, 땅의 신은 자신의 배제와 분할의 원리에 따라 인간에 대해 짝사랑과 외사랑을 병행할 것이다. 이렇게 사랑의 대상 논리에 따라 신의 사랑을 규정하는 것이 과연 타당할까? 너무 건방진 것이 아닌가 하는 의문이 생길 수 있다. 세상을 창조한 신을 어떻게 객체화할 수 있다는 말인가? 그것은 신을 특정 관계 속에서 파악했기 때문이다. 무한자로 표상되는 신이 아무리 위대할지라도 관계의 그물망을 벗어나 홀로 존재할 수 없다. 무한자가 무한자로 존재한다는 것은 유한자에게 의미를 상실했음을 의미한다. 무한자는 어디까지나 유한자 속에 기생할 수밖에 없다. 또한 '유한자인 땅의 신'[43]이 유한자의 인간 사이의 관계에서는 인간보다도 더 강력한 유한자의 그물망 속에서 규정당하기 때문에 더 유한적이다.

  사랑의 주체가 인간이 되어 신을 사랑한다면, 짝사랑이 아니라 외사랑이 된다. 왜 그럴까? 신이 인간을 사랑하는 것은 기쁨의 감정에서 솟아나는 인간에 대한 짝사랑에서 비롯되지만, 인간의 신에 대한 사랑은 슬픔의 감정에서 솟아나기 때문이다. 흔히 사람들은 신을 사랑하면 무한한 기쁨을 얻는다고 한다. 그러나 그것은 감정의 전도일 뿐이다. 그렇다면 신으로부터 부름을 받았다, 성령에 힘입어 기쁨의 감정이 넘쳐났다는 말은 어떻게 해석해야 할까? 그것은 슬픔의 감정을 신을 통해 정화했다는 의미다. 슬픔의 감정을 무한히 슬프게 만들면 슬픔이 사라진다는 말이다. 이것은 어떻게 가능할까? 슬픔을 무한히 슬프게 한다는 것은 슬픔을 배출한다는 의미이지, 슬픔을 쌓아둔다는 의미가 아니다. 슬픔을 쌓아두면 슬픔 감정이 모든 감정을 잡아먹어서 모든 것이 슬프게 채색된다. 하지만 슬픔의 블랙홀에서 맴돌더라도 웃기는 얘기를 들으면 눈물 흘리면서 웃기도 한다. 이는 타자의 개입에 의해 슬픔의 판타지가 깨진 것 때문이다.

그렇다면 기쁨을 무한히 기쁘게 하면 슬프게 되는 것이 아닐까? 기쁜 감정을 정화하면 기쁜 감정이 축적된다고 말할 수 있을까? 기쁨 감정은 깃털처럼 가벼운 속성을 갖고 있지, 슬픈 감정처럼 쌓이는 속성을 갖고 있지 않다. 그러면, 기쁨 감정이 흘러넘치면 경박하게 보이는 것은 왜 그럴까? 그것은 자신의 기쁨이 타자에게 전달되지 못했기 때문이다. 기쁨의 공명 현상이 만들어지지 않았다는 말이다. 만일 이 때 "경박하게 굴지 마!"라고 말한다면, 듣는 이는 기분 나쁨을 느낄 것이다. 자신의 기쁜 감정이 굴절된 것이다. 그럼에도 불구하고 그는 들뜬 감정을 지속시킨다. 기분 나쁜 감정이 자신의 자존심을 자극시켰기 때문이다. 하지만 여기에서 그치지 않고 한 번 더 자극적인 발언을 한다면, 예를 들어 "광신도처럼 굴지 마!"라고 말한다면, 두 사람의 감정싸움은 몸싸움으로 전화된다. 사랑의 감정이 증오의 감정으로 전화되는 것처럼 말이다.

종교인들 간의 종파싸움도 이러한 감정의 법칙에 지배당한다. 그렇기 때문에 종교적인 믿음은 사랑에 대한 믿음이 강하면 강할수록 그러한 사랑이 굴절된 증오의 감정에 지배당할 가능성이 크다. 로마 제국에서 예수교에 대한 탄압이 강할수록 예수교의 신자들이 더 열성적으로 변한 이유도 여기에서 찾아야 한다. 굴절된 증오의 감정을 조직적으로 활용했던 것이다. 한편 로마 제국이 예수교를 허용하고 제국의 종교로 인정한 것은 예수교의 광기가 제국의 전쟁에서 적극적인 성과를 달성했기 때문이다.

외사랑과 짝사랑의 패러독스는 인간과 신이 서로 사랑하면서 일어나는 감정의 패러독스다. 인간은 신을 슬픈 감정 속에서 사랑하지만 신은 인간을 기쁜 감정 속에서 사랑한다. 하지만 그 사랑의 결과는 뒤바뀐다. 신은 인간에 대해 슬픈 감정을 가지고 인간은 신에 대해 기쁜 감정을 갖는다. 말하자면, 인간은 신을 통해서 슬픔을 기쁨으로 변환시키지만, 신은 인간을 사랑함으로써 기쁨이 오히려 슬픔으로 전환된다.

이런 점에서 종교적 세계관은 인간이 자신의 정념을 우회로를 통해 다스리고자 하는 열망에서 나타난 것이라 말할 수 있다. 이러한 정념 변환 메커니즘이 순기능을 할 때는 사회적으로 바람직하다. 하지만 역기능을 할 때는 열망이 '광기'[44]로 돌변하여 더욱 난폭하게 정념의 불꽃을 증폭시킨다. 마치 종교의 광기가 국가로, 국가의 광기가 자본으로, 자본의 광기가 개인의 광기로 점점 구체화되면서 파급되는 것처럼 말이다.

광기와 효용주의의 접합

미셸 푸코Michel Foucault는 《광기의 역사》에서, 광기를 비이성적인 어떤 것이라고 정의하면서 언제나 이성의 반대급부로 존재했던 역사적 광기를 추적한다.[45] 예를 들어, 중세 시대의 일반병원은 단순히 환자를 치료하는 기관이 아니라 '비정상적인' 인간을 격리하는 장소로서 간주되었다. 병원이 시대적인 합리성의 논리에 따라 타자를 배제하는 공간으로서의 수용소 역할을 했던 것이다. 17세기의 병원도 비슷한 맥락에서 쓸모없는 노동자를 수용하는 장소로 기능했다. 이는 노동의 유용성이 강조되는 시대적 합리성이 만든 일종의 광기였다. 정상과 비정상으로 분할하여 비정상을 광기로 보는 것이 광기가 아니다. 그러한 분할 자체가 하나의 광기다. 그 광기의 배후에는 자신의 종교를 확장시키고 부를 축적하려던 종교 권력이 자리잡고 있었다.

부의 축적 욕망은 종교 권력에서 국가 권력으로 그리고 국가 권력에서 근대적 개인으로 점점 분화되었다. 그러다가 근대 자본주의 문명에서는 하나의 도덕적 합리성으로 자리매김한다. 따라서 근대적 합리성은 베버식의 금욕주의로 표상될 수 없다. 베버가 금욕주의를 근대적 합리성으로 보았던 것은 금욕주의를 부를 축적하기 위한 수단으로 표상했기 때문이다. 즉 베버식의 근대적 합리성은 목적으로서의 합리성이 아니라 수단으로서의 합리성이었다. 하지만 재산 축적이 금욕주의의 결과라는 관점은 어디까지나 전근대 문명의 전통에 따른 사고의 산물이지 근대 문명에 입각한 사고는 아니다. 희소성이 부족한 시대, 특히 중세 시대뿐만 아니라 근대 자본주의로 이행하는 전근대 시대에서는 금욕주의가 '물질적' 부를 축적하는 데 도움이 되는 수단으로 기능할 수 있었다. 하지만 부가 부를 낳는 자본주의의 문명에서는 금욕주의는 부의 가치를 후퇴시키는 역할만 한다. '사회적' 부를 축적할 수 없게 만드는 것이다.

　부의 축적 욕망의 진화에는 부에 대한 개념의 변화, 즉 물질적 부에서 사회적 부로의 변화도 일정 부분 기여했다. 물질이 공동체에 필수불가결한 것이라는 판단이 전제되어야 그 물질은 의미를 갖는다. 사회적 부는 그러한 물질의 축적이 공동체의 유용성과 관련되어 있는가의 여부에 따라 결정된다. 이는 물질적 부가 사회적으로 어떠한 의미를 갖느냐의 문제, 즉 물질적 부를 사회적 부와 구분하는 문제로 현실화된다. 물질적 부보다는 사회적 부를 더 중요하게 인식하게 된 것이다.

　요컨대 근대 문명은 공동체의 유용성에 따라 인간을 분할했던 중세 문명의 전통을 계승하여 인간의 재산을 물질적 부와 사회적 부로 분할함으로써 만들어졌다. 문제는 누가 공동체의 유용성을 판단할 것인가다. 중세 문명에서 정상과 비정상의 판별 기준은 종교 권력의 시각이었다. 반면 근대 문명은 사회적 부에 대한 판단 기준을 시장market에 전적으로 위임했다. 시장이 경제적 가치를 판단하는 종교 권력으로 표상된 것이다.

3
시장의 유일신교

일반적으로 전통적 의미의 시장은 단순히 재화와 용역을 교환하는 장소다. 이와 달리 근대적 의미의 시장은 노동 분업을 토대로 분권화된 경제적 질서를 조직하는 사회 제도를 강조한다. 하지만 이러한 일반적인 평가에는 시장에 대한 특정 판타지가 스며들어 있다.

일반적으로 전통적 의미의 시장은 단순히 재화와 용역을 교환하는 장소다. 이와 달리 근대적 의미의 시장은 노동 분업을 토대로 분권화된 경제적 질서를 조직하는 사회 제도를 강조한다. 하지만 이러한 일반적인 평가에는 시장에 대한 특정 판타지가 스며들어 있다.

고대 중국 문명에서는 시장을 음모와 협잡이 일어나는 곳으로 사고했다. 《주역》의 서합噬嗑괘는 대낮에 사람들이 바삐 움직이는 형상으로, 시장을 상징한다. 또한 사람들이 서로 비방하고 헐뜯고 속이는 것을 표상한다. 사람들이 물건 구입을 위해 시장에 나가면, 먼저 사려는 물건의 가격을 묻고 흥정을 한 후 거래를 하는 것이 보통이다. 물건을 사고자 하는 사람은 대부분 다른 곳은 싼데 왜 이곳은 비싸냐고 항의한다. 그래서 판매상들은 대개 협잡(가격 담합)을 하거나 좀 더 많이 팔기 위해 다른 상인 몰래 가격을 인하하여 팔기도 한다. 시장을 음모와 사기의 장소라고 해도 무방한 이유는 여기에 있다.

　모든 시장 참여자는 각자 자신의 이익을 위해 행동한다. 그것을 극대화시키기 위해 음모와 협잡을 자행하기도 한다. 이는 당연한 현상이다. 그럼에도 근대인들은 그것을 사상한 채 시장을 표상한다. 왜 그럴까? 음모와 협잡은 단기적으로는 유효할지 모르지만 장기적으로는 오히려 손해를 보기 때문일까? 아니면 시장당국이 음모와 협잡을 방지하기 위한 지속적인 감시와 감독을 통해서 공정거래를 정착시켰기 때문일까? 아니면 시장 참여자가 노동 분업에 따른 각자의 권리를 인정한 가운데 거래를 했기 때문일까?

페어 밸류

페어 밸류fair value는 일반적으로 '공평한 가치' 혹은 '적절한 가치'라고 번역한다. 하지만 원래는 판매자가 구매자가 거래를 하기 전에 자신의 주관적인 입장에 따라 적당하다고 판단하는 공평함을 뜻한다. 그렇기 때문에 특정 기준에 따라 객관적으로 평가하는 '저스트 밸류just value'와 구분된다. 판매자와 구매자는 거래가 성사되기에 앞서 판매자의 경우 자기가 팔 상품의 비용cost을 생각하고 구매자의 경우 자기가 살 상품의 효용utility을 생각한다. 각자가 생각하는 비용과 효용이 서로 접합되는 교환비율이 바로 페어 밸류가 된다.

 반면, 저스트 밸류는 앞에 수식하는 관용어가 정의justice에서 나왔기 때문에 '공정한 가치'로 번역할 수 있다. 서구 문화에서 정의란 기본적으로 분배의 정의를 뜻한다. 저스트 밸류에도 이러한 의미가 내포되어 있다. 그래서 공정한 가치는 농부, 세탁업자, 구두수선공, 낙농업자, 상인 등 시장에 참여한 판매자 혹은 구매자의 조합들이 자신들의 사회적 지위와 명예 등을 투영시켜 평가한 가치다. 말하자면 사회적 자원과 부의 재분배 차원을 감안하여 평가한 가치, 부의 재분배를 둘러싼 사회적 성원들의 정치와 관련된 가치다.

 시장에서 서로 공평하다고 생각하는 교환비율인 '페어 밸류'가 사회적 자원을 정의롭게 분배하는 '저스트 밸류'와 만나는 지점은 언제나 우연적일 수밖에 없다. 시장가치market value는 시장에서 판매자와 구매자가 거래하는 교환비율인데, 이것은 공평fair할 수도 있고 불공평unfair할 수도 있다. 그렇기 때문에 "시장가치가 공평fair하면, 그것은 공정just한 거래다"라는 말은 가치에 대한 개념 혼동에서 만들어진 거짓말이다.

 아쉬운 점은 오늘날 한국의 대학 강단에서 이러한 거짓말이 뻔뻔스럽게 행해진다는 사실이다. 바로 신고전학파 경제학자들의 테제, 즉 "시장은 자원을 효율적efficient으로 배분allocate한다"는 주장이다. 왜 그것이 거짓말일까? 실제로 시장에 가 보면 상품의 거래가 원활히 일어나는 것을 목격할 수 있다. "시장은 자원을 효율적으로 배분한다"는 말은 이러한 일반적인 현상에 대한 묘사다. 그렇다면 왜 거짓일까?

우선 효율적이라는 말은 일의 능률이 좋을 때 쓴다. 시장에 어떤 소문이 나면 눈 깜짝할 사이에 퍼진다. 하지만 고급 정보, 특히 상인들의 이익과 연관된 고급 정보는 담합에 의해 확산되지 않는다. 자원도 마찬가지다. 누군가가 자원을 독점하려 할 경우 그 자원은 효율적으로 배분되지 않는다.

그럼 정보와 자원의 독점을 폐지하면 시장은 효율적으로 자원을 배분할 수 있을까? 그것도 불가능하다. 신고전학파 경제학자들의 말대로 시장 참여자들은 자신들의 이익interest을 위해 행동하기 때문이다. 그들이 시장의 효율성을 위해 이득을 포기하고 부처님처럼 행동한다면 모르겠지만 언제나 자원과 정보의 독점을 위해 노력하는데 어찌 독점의 폐지가 가능하겠는가! 만일 시장 참여자가 부처님처럼 자신의 이익이 아닌 타인의 이익을 위해 행동한다면, 신고전학파는 더 큰 거짓말을 하는 것이 된다. 시장 참여자는 자신의 이득을 위해 행동한다고 앵무새처럼 주장해 놓고 그리고 그 이기적인 행동이 시장의 효율성을 보장한다고 해놓고 불리하니까 순식간에 말을 바꿨기 때문이다.

시장가치가 공평한 것일까, 불공평한 것일까? 시장 거래는 사전에 주관적으로 공평하다고 생각하여 거래하기 때문에 공평한 가치를 지닌 거래라고 말할 수 있다. 그런데 거래가 성사된 후 다른 곳에서 더 싸게 구입했다고 말을 들었다면 자신의 거래는 불공평했다고 생각할 것이다. 만약 누군가가 자신보다 더 비싸게 샀다 하면 이는 또 어떠한가? 그것 역시 상대방에게 더 큰 불공평을 안겨주었기 때문에 불공평한 것이 된다. 시장의 공평성 보장에 시장비서market secretary의 제도적 완비가 필요한 이유는 이 때문이다. 수요와 공급의 균형 가격을 주장하는 레온 왈라스Leon Walras의 경매시장 모델에서도 시장비서 역할을 하는 경매자는 반드시 필요하다. 그가 가격 균형을 주선해 주어야만 공평한 가치가 보장된다.

   정부 기관인 공정거래위원회fair trade commission는 시장에서 공평한 가치를 정착시키는 일에만 몰두한다. 자원 독점과 정보 독점에 따른 불공평성 해결에만 주안점을 두지, 부의 분배와 각 계급 및 계층 간 복지 수준은 감안하지 않는다. 그럼에도 공정거래위원회에서는 불공평성의 제거만을 공정fair한 것이라고 본다. 공정거래위원회의 공정성fairness에서는 시장 간 상대 가격 차이 문제를 감안하지 않는다. 예를 들어, 커피값과 밥값이 비슷한 수준인데도 공정거래위원회에서는 그것을 불공정하다고 생각하지 않는다. 커피를 파는 카페의 수가 밥을 파는 음식점의 수보다 절대적으로 적기 때문에 커피 가격이 상대적으로 고평가될 수밖에 없다고 본 것이다. 이와 같은 사고는 시장의 자생적 질서에 맡겨두면 가격이 언제나 균형을 이룬다고 생각하는 자유방임laissez-faire의 시장 이데올로기에 갇혀 있기에 대두되는 것이다.

시장의
유일신교

레쎄 페흐

자유방임을 뜻하는 프랑스어 '레쎄 페흐laissez-faire'는 어떤 일에 대해 간섭하지 않고 "활동하도록 내버려 둔다"는 의미다. 하지만 내버려 두다 못해 방치하는 것을 강조하는 '레쎄 똥베laissez-tomber'와 더불어 사용될 수도 있다. 레쎄 페흐는 일반적으로는 왕족과 귀족의 특권으로부터 부르주아 계급의 경제 활동의 자유 그리고 재산 축적 욕망을 금기시했던 중세적 도덕관으로부터의 자유를 대변하는 용어로 쓰인다. 그래서 경제학에서는 자유방임주의를 "개인이 자신의 목적을 달성하기 위해 자신이 가지고 있는 수단을 적극적으로 활용할 뿐만 아니라 효율적으로 사용하는 경제행위"와 등치시킨다.

두 가지 사례를 들어보자. 첫 번째는 어느 양반집에서 종살이하는 대여섯 살 머슴의 사례다. 머슴은 주인어른의 눈치를 보면서 온갖 비위를 맞춰 주어야 할 뿐만 아니라 지저분하고dirty 위험하고danger 힘든difficult 일, 소위 3D업종에 종사하는 존재다. 머슴이 주인의 재산 증식 욕망에 맞춰 주인의 품속에서 벗어나 독립했다고 가정해보자. 읍내의 조그마한 가게에 주인댁에서 생산한 농산물을 파는 일자리가 생겼다고 한다면, 머슴들의 입장에서는 이보다 더 좋은 일자리가 없기 때문에 서로 경쟁할 것이다. 주인의 입장에서 보면 이는 자신이 활용할 수 있는 자원을 최대한 이용하여 부를 증식시키는 목적으로 머슴을 사용한 것이

된다.

두 번째는 기업가와 주주 간의 관계다. 기업가는 회사의 안정적 성장 가능성에 관심을 가질 것이고, 주주는 기업 이윤을 극대화시켜 주주의 배당수익을 높이는 데 관심을 가질 것이다. 이와 같이 소유권자와 기업가 간의 이해관계가 표면적으로 대립할 때 사용하는 레쎄 페흐는 기업가의 입장을 지지한다. 그래서 레쎄 페흐는 기업 활동의 평가는 시장의 소비자에게 맡겨두어야 한다는 뜻으로 사용된다.[46]

하지만 경제학에서 이해하는 자유방임주의는 개인적 이해와 사회적 이해 간 충돌이 발생했을 때 인간노동과 합리성을 결합시켜 재산을 증식하고 축적하는 상업의 에토스ethos를 지닌 부르주아 계급의 입장을 충실히 대변했다. 그러나 그것의 논쟁적 측면은 간과한다. 레쎄 페흐를 최초로 사용한 아르장송 후작Marquis d'Argenson은 1751년에 "최고의 통치는 최소의 통치이다"는 준칙을 만들고 경제적 거래 행위에서 왕족과 귀족의 특권적 거래를 배제하는 자유거래free trade를 주장했다. 이를 영어권에서 소개한 이는 프랭클린Franklin이었다. 프랭클린에 의해 대중에게 회자되기 시작한 레쎄 페흐는 공리주의 철학자 제러미 벤담이 개발한 원형감옥 판옵티콘을 통해 더욱 발전한다. 그리고 맨체스터 지역 상인의 에토스, 즉 무제한적인 재산축적 욕망과 그 기회를 충실히 대변했던 맨체스터학파[47]에 의해 정치와 경제 사이의 이분성 dichotomy을 강조하는 용도로 쓰인다.

경제학자들은 레쎄 페흐를 정치적 간섭으로부터 자유무역을 옹호하는 실천 강령에만 국한하여 사용했다. 그러나 그러한 주장의 이면에 숨품 보눔summum bonum(박애의 대변자)이 있었던 점을 간과했다. 지주 계급과 신흥 부르주아 계급 간 이해가 상충될 경우 레쎄 페흐는 철저히 부르주아 계급의 이해를 대변한다. 그럼에도 이들의 입장이 승리할 수 있었던 결정적인 요인은 그것에 최소한의 사회적 협력이 전제되어 있었기 때문이다. 예컨대 당시의 부르주아 계급은 화해와 협력을 상징하는 예수의 피를 숭배하는 적십자red-cross의 자선단체 활동을 강조했고, 원탁의 기사단과 같은 사회적 협력을 추구했다.

자유방임주의의 종말은 인간의 화해를 도모하는 길이 하나의 공리주의적 독트린으로 규정될 수 없다는 데서 비롯된다. 모든 독트린은 시대적 요청에 따를 수밖에 없다. 자유무역의 독트린이 사회적 설득력을 획득했던 것은 곡물 가격의 상승 덕분이었다. 마찬가지로 부르주아 계급의 승리도 19세기 중엽, 자원의 희소성이 사회의 문제로 부각되었을 때 그것을 해결할 수 있는 길이 인간노동을 합리적으로 배치하여 물질 생산을 도모하는 것임을 역설했기 때문이다. 만일 물질적 이해에 따라 개인들이 서로 극도의 경쟁을 할 경우 그것이 물질적 풍요를 보장하는 좋은 방향으로 나가지 않고 잘못된 방향으로 흘러 사회적 부작용을 야기했다면 상황은 달라졌을 것이다.

자유무역의 옹호자들은 시장이 개인 간의 이해 충돌을 조정할 수 있기 때문에 개인들의 이해관계에 따른 경쟁이 사회적 조화와 합치된다고 굳게 믿었다. 개인 간의 경쟁이 사회적 부작용을 낳기보다는 인간 본연의 생존 욕망을 자극하여 사회적 유용성을 생산하는 데 기여할 것이라 봤던 것이다. 하지만 그들의 믿음은 곡물 파동, 철도 파동, 튤립 파동 등 시장의 실패에 직면하면서 무너졌다. 시장에 존재한다고 믿었던 '보이지 않는 손'의 조화와 평화는 사라진 성배graal처럼 되어 버렸다. 아서 왕King Arthur의 원탁의 기사단이 성배를 찾아 나섰지만 끝내 찾지 못했던 것처럼, 시장의 '보이지 않는 손'은 대립과 갈등을 조장하여 마침내 대중의 궁핍을 생산했다.

성배Graal

이 그림은 단테 가브리엘 로세티 Dante Gabriel Rossetti(1828~1882)의 1874년 작품이다. 예수의 피를 담은 성배Graal를 든 여왕은 번영과 풍요의 땅을 상징한다. 하지만 번영과 풍요의 왕국을 향해 가는 길은 하나가 아니라 둘로 나뉜다. 성령 혹은 평화를 상징하고 피를 공급하는 심장을 지닌 비둘기의 시선과 여왕의 시선이 서로 갈라져 있기 때문이다. 번영과 풍요에 대한 열망은 성배로 표현되어 중앙에 자리잡고 있지만, 그 길이 나뉘어 있다는 것이다.

과연 왕국의 화해를 도모할 수 있는 길은 무엇일까? 로세티는 지주 계급과 부르주아 계급이 대립하고 있지만 결국 부르주아 계급에게 그 길이 있다고 암시한 것으로 보인다. 여왕은 대지의 상징이자 지주 계급의 상징으로, 심장을 지닌 비둘기는 부르주아 계급의 상징으로 볼 수 있기 때문이다. 인간들의 증오와 갈등을 해소하고 화해를 만들 수 있는 것은 오직 성스런 피를 공급하는 심장을 지닌 존재일 수밖에 없으며, 그 존재는 평화를 모색하는 존재여야만 한다는 것 또한 암시한다.

부의 축적 욕망은 시장에서 조화를 만들기보다는 주기적으로 파동을 일으킨다. 이는 과도한 식욕이 위장에 부담을 줘서 소화불량이 일어난 것과 유사하다. 적정 수준을 넘어서는 식사는 소화불량을 야기할 수 있기 때문에 위장에 탈이 나지 않는 범위에서 식사량을 조절할 필요가 있다. 레쎄 페흐도 마찬가지다. 무조건적인 방임은 시장에 문제를 일으킬 수 있으므로 조건적인 방임이 필요하다.

그렇다면 레쎄 페흐의 조건은 무엇일까? 레쎄 페흐는 사회적 노동을 조직하는 기업의 경제 활동을 보장하는 것을 뜻한다. 따라서 레쎄 페흐에는 무엇보다 자유로운 노동시장, 금본위제, 자유무역의 구비가 필요하다. 기업 활동의 자유는 이들 필수적인 조건들이 충족되어야 이룰 수 있다. 하지만 그 조건들은 기업에서 마련할 수 있는 것이 아니라 국가 권력이 강제적으로 조성해야만 가능한 것이다. 그렇기 때문에 국가의 개입이 시장의 자율성을 저해한다는 사고, 말하자면 시장과 국가를 서로 대립적인 존재로 보는 사고는 하나의 환상에 지나지 않는다.

그렇다면 시장과 국가의 이분성이라는 환상을 유포시킨 것은 무엇일까? 바로 레쎄 페흐의 실천 강령이다. 레쎄 페흐는 국가를 시장의 자율성을 보장하는 존재로 간주한다. 국가는 시장에 개입하지 않아야 한다고 주장하는 것이 바로 레쎄 페흐다. 그러나 국가는 부의 축적을 위해 개인의 인터레스트를 허용해 주면서 동시에 공공의 유용성이라는 명분으로 개인의 인터레스트를 제약한다. 이를 철학에서 변증법적인 모순관계라고 한다. 시장의 자율성을 위해 국가는 메타 수준에서 존재한다. 하지만 시장의 실패 상황에서는 대상 수준으로 하강한다. 이런 점 때문에 레쎄 페흐의 실천 강령은 변증법적인 모순이 투영된 강령이다. 자신의 목적을 위해서는 국가로부터 레쎄 페흐를 주장하지만 자신의 목적과 저촉되면 국가에 의존한다.

레쎄 페흐 주장에 대한 근본적인 비판은 마르크스주의적 관점과 반공리주의적인 관점의 접합 속에서 가능하다. 마르크스주의적 관점에서는 지배블록 간의 권력 대립에서 파생된 레쎄 페흐 사고의 한계를 인식할 수 있다. 그것은 다름 아니라 프롤레타리아 계급의 절대적 궁핍화를 상대적 궁핍화로 전환시킨 점이다.

또한 레쎄 페흐는 프롤레타리아 계급의 상대적 궁핍을 절대화시키면서 부르주아적 지배 권력을 강화시킨다. 예컨대 곡물 가격의 상승에 따른 지주 계급의 수입 증가는 프롤레타리아 계급의 궁핍을 가져왔다. 그리고 이는 부르주아 계급의 수입을 감소시키는 결과를 낳았다. 이에 부르주아 계급은 곡물 수입의 허용을 레쎄 페흐의 이름으로 주창했던 것이다. 이러한 관점은 대를 위해 소를 희생해야 한다는 공리주의적 준칙을 충실히 대변한 것이었다. 프롤레타리아 계급의 궁핍을 막자는 명분과 사회적 유용성을 도모하자는 주장이 부르주아의 재산 축적 욕망을 정당화시키는 기제로 작용했던 것이다.

레쎄 페흐라는 동사, 즉 "자유방임하자"는 동사만으로는 그것을 주장하는 이의 의도를 파악하기가 힘들다. 도대체 무엇을 자유방임하자는 것인가? 프랑스에서는 레쎄 페흐를 자유무역을 주창하는 용도로 사용했던 영국과 달리, 중상주의에 반대하여 중농주의를 주장하기 위해 썼다. 경제적 자유는 국가의 정치적 비개입 하에서 가능하며, 인간의 인신을 구속하지 말고 자유롭게 놓아 주어야 가능하다. 인간의 혈액처럼 상품도 자유롭게 운동할 수 있도록 하자는 것이다. 말하자면, "lessez faire les hommes, lessez passer les marchandises(인간을 자유롭게 방임하고, 상품을 유통시키자)"는 주장이다. 물론 중농주의자 프랑수아 케네François Quesnay가 이러한 주장을 할 당시에는 개인의 이해관계에 따른 경제 활동이 시장에서 질서정연하게 잘 작동될 때였다. 아담 스미스가 《국부론》(1776)에서 시장은 보이지 않는 손이 작동되어 질서와 조화를 만든다고 주장했던 것도 이러한 상황 덕분에 가능했다.

이는 토마스 모어가 《유토피아》(1516)에서 그린 "어디에도 존재하지 않는" 이상사회와 상당히 대조적이다. 토마스 모어가 묘사한 이상사회는 자유보다는 평등, 특히 사적 소유권이 존재하지 않는 공유재산제와 남녀 교육의 평등, 다신교 전통의 평화(종교적 관용)와 조화가 존재하는 곳이었다. 이러한 관점에 입각해보면 토마스 모어의 디스토피아는 "어디에나 존재하는" 시장이다. 시장은 공유재산제보다는 사유재산제, 평등보다는 자유, 관용보다는 경쟁, 조화보다는 카오스로 표상될 수 있기 때문이다. 그럼에도 불구하고 근대경제학자들은 시장의 디스토피아를 각색하여 시장의 유토피아를 만들고 그것을 인과율[48]로 설명했다. 시장의 디스토피아를 만드는 원인으로 꼽히던 사유재산, 자유, 경쟁 등이 서로 의존적으로 작동하여 카오스chaos가 아니라 조화Harmonia의 세계를 산출한다고 믿었던 것이다.

이와 같은 근대경제학자 애덤 스미스의 믿음은 서서히 대중에게 지적인 권위를 획득한다. 시장의 유토피아가 확산될 수 있는 기반이 마련된 것이다. 이는 인과율 자체가 논리적인 외양을 띠면서 비논리적이고 임의적인 사고를 감출 수 있는 마법을 지녔기 때문에 가능했다. 그 결과, 시장을 신dieu으로 간주하는 사고가 개인의 재산 축적 욕망과 결합되면서 근대인의 관념 체계 속에 자연스럽게 자리잡는다.

시장의 종교화

근대인의 시장 신격화는 개인의 이익을 추구하는 경제 활동이 더 이상 사회적 규범과 충돌하지 않는 상황, 사회적 규범이 그것을 용인하는 분위기가 조성되면서 출현한다. 하지만 이는 서양 문명에서만 나타난다. 왜일까? 사적 이익 추구가 야훼교의 신 관념과 결합되었기 때문이다.

야훼YHWH는 모세에 의해 계시된 신으로서 "존재하는 모든 것을 존재하도록Yahweh-Asher-Yahweh 한다". 마치 땅 속에 잠자고 있던 마그마가 분출되어 화산 폭발하듯 사회 속에 잠자고 있는 경제가 고삐 풀린 망아지처럼 미쳐 날뛰는 것에서 비롯된다. 칼 폴라니Karl Polanyi는 《거대한 전환》(1944)에서 시장경제는 사회조직의 특수한 한 형태라고 말하면서 사회분열을 지속적으로 확대시키기 때문에 오래 지속될 수 없다고 강조한다. 그러나 시장경제는 종교화됨으로써 사회규칙과 규범을 만드는 제일의 결정인자로 자리매김한다. 이와 관련하여 하버드대학교 신학과 교수 하비 콕스Harvey Cox[49]는 시장이 신처럼 작용하는 현실세계, 적어도 《월스트리트저널》, 《타임》, 《뉴스위크》 등 주요 경제신문에 투영된 세계가 "전능한" 신의 모습과 시장을 동일시하고 있다고 주장한다.

고대 그리스 문명에서 시장의 신격화는 제우스신에 대한 숭배와 더불어 나타났다. 올림포스 언덕의 제우스신 신전은 해상무역의 장애가 되는 폭풍을 잠재워 달라는 인간들의 바람에서 만들어졌다. 제우스신은 자신의 욕망에 충실한 존재 혹은 세대를 가리지 않고 오직 자신의 욕정만을 불태우는 존재로 표상된다. 일반적으로 문명의 금기는 세대를 가로지르는 사랑이다. 금기는 오직 신적 담론에서 깰 수 있다. 즉 비인간적인 대상으로 간주하는 것이다. 그래서 제우스신과 시장과 결합된 것을 굳이 해석하자면, 시장이란 비인간적인 것이기 때문에, 인간의 문명에서 시장은 폴리스의 규범 내부에 복속시켜 규제해야 한다는 것을 나타낸다.

이러한 헬레니즘의 전통과 달리, 근대인의 시장 관념은 서방의 보편교회 논리와 결합하면서 시장을 야훼처럼 전능의 권위를 갖는 존재로 여긴다. 어떠한 규범보다도 상위의 규범으로 표상된 것이다. 이에 따라 시장은 인간의 개별행동을 조절하는 메커니즘으로서, 나아가 그 메커니즘에 대한 믿음으로서 재현된다.

과연 인간의 행동을 시장이 조절하는 것일까? 시장 유일신교의 담론은 그렇다고 말한다. 하지만 어떻게 조절하는지에 대해서는 말이 없다. "말할 수 없는 것에 관해서 침묵"하는 것이 유리하기 때문인가? 하지만 침묵의 대가가 너무나 크다. 침묵은 "아무것도 말할 수 없는 영역이 존재"한다는, 즉 말할 수도 사고할 수도 없는 것이 있다는 형이상학적 언설을 주장하기 때문이다. 혹 이러한 형이상학적인 언설 때문에 시장을 신과 등치시키는 관념이 유포되는 것은 아닐까? 무언가를 설명하기 위해서는 반드시 특정 관념이 선행되어야 하는데, 그 선행되는 관념을 드러내지 않기 위해 실증적인 결과들의 효율성을 강조할 수밖에 없는 부르주아 과학의 정치 때문이 아닐까? 특히 그것에 가미된 정치적 혹은 윤리적 판단이 사회적 갈등을 유발할 때는 더욱 더.

일반적으로 과학적 담론은 어떠한 사건과 사실 설명에서 특정한 가설에 기반을 둔다. 그렇다면 신문에 곧잘 회자되는 "시장의 자율성"은 '시장=신' 가설에 근거를 두는 것일까 아니면 '시장=인간' 가설에 근거를 두는 것일까? 만일 전자라고 한다면, '신=시장'과 '인간=자율성'이 서로 다른 범주이므로 논리적으로 모순이다. 후자는 시장이 정치 영역의 외부에 존재하지 못하기 때문에 만들어진 언설이다. 이때 시장의 자율성은 시장 참여자(구매자와 판매자)들이 자발적으로 거래한다는 인식의 표출이다.

하지만 자발적 거래에 대한 이 같은 인식에는 두 가지 문제점이 있다. 하나는 개인들이 자유의지를 행사한다고 보는 관점이다. 시장에서는 개인들이 자유의지를 갖고 의사결정을 내린다. 하지만 자유로운 의사결정이라 하더라도 어떤 조건이냐에 따라 그것은 상이한 모습을 드러낸다. 즉 익명적 거래냐, 실명적 거래냐에 따라 자유의지의 행사 내용이 달라진다. 익명적 거래는 상품 거래 당사자들이 서로 모르는 존재 혹은 윤리적으로 무관한 관계에서 만들어지는 거래다. 반면 실명적 거래는 서로 친숙한 존재 혹은 윤리적으로 밀접한 관계인 사람들이 행하는 거래를 의미한다.

시장관계에서 익명성은 정보information 공유의 여부와 관련된다. 이를 좀 더 명확하게 하기 위해 극단적인 사례를 들어보자. 만일 형제들 간의 상품거래와 낯선 사람과의 상품거래가 있다고 가정하면, 두 거래에서 공유하는 정보 내용은 서로 다를 것이다. 전자의 거래에서는 자기가 아는 정보를 상대방과 공유하지 않고 거래하기 어려울 것이다. 훗날 그러한 내용을 알게 되면 욕을 얻어먹게 되기 때문이다. 이처럼 상품 거래는 거래에 앞서 인간관계의 형성을 전제하기 때문에 윤리적인 규범에 제약당할 수밖에 없다. 윤리적 규범의 영향을 받는 시장관계는 정보의 공유 혹은 투명성을 전제로 한다. 이런 점에서 시장의 자율성 옹호는 정보의 불투명성 혹은 정보의 비공개성을 암묵적으로 옹호하는 것이다.

다른 하나는 시장의 자율성이 시장들 사이에 존재하는 위계 관계를 도외시한다는 점이다. 특히 상품시장과 화폐시장 사이에 존재하는 위계성을 애써 무시한다. 그러나 현실에서는 분명 위계성이 존재한다. 그러한 위계성은 "화폐는 모든 상품을 구매할 수 있지만 모든 상품이 화폐와 교환되지 않는다"는 사실에 의해 만들어진다.

시장의 자율성이 모호하면 할수록 '신으로서의 시장'이라는 관념만 재생된다. 무슨 이유에서일까? 혹 모호한 것이 전능적인 존재로서 기능하기 때문은 아닐까? 인간의 존재를 상품관계에 투영시켜 인간의 영혼을 말살시키는 순간, 인간은 오직 화폐만을 축적하는 존재로 현상된다. 하지만 영혼의 고갈을 화폐 축적으로 해소하는 과정에서 거의 필연적으로 나타날 수밖에 없는 삶의 고통은 무엇으로 해소할 수 있을까? 이것은 시장 유일신교의 탄생과 함께 나타난 보너스다. 그 보너스 때문에 시장을 믿는 것일까? 기독교인들과 목사들은 "크레도 끼아 압수르둠credo quia absurdum(빈곤하기에 믿는다)"를 목 놓아 외친다. 하지만 사실은 믿기 때문에 빈곤했던 것이다. 이것은 단순한 말장난이 아니라 아직까지 현실에서 펼쳐지고 있는 오즈의 마법이 만들어낸 결과다.

오즈의 마법

프랑크 바움Frank Baum이 쓴 동화 《오즈의 마법사》(1900)는 미국의 1890년대 통화논쟁을 우화적으로 대변한다. 휴 라코프Hugh Rockoff[50]에 따르면, 1873년 미국에서 금본위제가 채택되기에 앞서 3년 동안 초유의 디플레이션이 발생했다. 이는 금본위제를 주장하는 사적 은행자본이 금융 권력을 포획하기 위해 은본위제를 주장하는 인민주의자와 논쟁하면서 그들을 무력하게 만들고자 꾸민 술책에서 비롯되었다고 한다. 이 논쟁은 결국 "나쁜 화폐가 좋은 화폐를 몰아낸다Bad money drives out good"[51]는 그레셤의 법칙Gresham's law대로 금본위제가 승리하여 은행자본의 금융 독점이 현실화된다. 하지만 이를 반대했던 프랑크 바움은 정부가 발행하는 미합중국폐로 민간은행과 싸웠던 에이브러햄 링컨Abraham Lincoln의 전통을 대중적으로 확산시키기 위해 《오즈의 마법사》를 집필한다.

《오즈의 마법사》에 나오는 등장인물은 모두 이 논쟁과 연관되어 있다. 주인공 도로시는 미국 인민의 딸, 허수아비는 농민, 양철나무꾼은 공장노동자, 사자는 은본위제 주창자 윌리엄 제닝스 브라이언Willam Jennings Bryan을 상징한다. 은본위제는 도로시가 동부의 나쁜 마녀 모건(월가의 금융 권력 J. P. 모건 혹은 금본위제 주창자)을 죽이고 좋은 마녀로부터 선물 받은 '은색 구두신'이고, 금본위제는 도로시가 오즈의 고향 에메랄드(정치의 도시 워싱턴)로 가는 길에 펼쳐져 있던 '황금색 보도'다.

그리고 도로시가 그 길에서 두뇌를 찾던 허수아비, 심장을 찾던 양철나무꾼, 용기를 찾던 사자와 함께 행진했던 것은 1894년 제이콥 콕시Jacob Coxey가 가난한 실업자들로 구성된 직공 부대를 이끌고 오하이오 주에서 의회가 있는 워싱턴까지 했던 행진을 가리킨다. 이는 1860년대 링컨이 만들었던 미국 화폐 발행 체제 혹은 은본위제로 되돌아가고자 하는 열망을 대변한다. 본래 자신이 갖고 있던 꿈의 자각으로 사악한 마녀의 저주를 벗어난 장면은 인민이 스스로 자신을 해방할 수 있는 힘을 자각해야만 은행자본의 금융 독점에 따른 문제에서 벗어날 수 있음을 표상한다.

하지만 동화는 단순한 해피엔딩으로 해석되기를 거부한다. "위대한 오즈께서 말씀했다. 장막 뒤의 사내는 신경 쓰지 마라. 난 위대하고 강력한 마법사 오즈다!"고 말하면서, 우울하고 그늘진 현실 세계의 여운을 남긴 것이다. 그렇다면 그늘진 세계를 만든 오즈의 마법은 무엇일까? 그것은 금화와 은화의 중량인 온스의 약칭 오즈에서 일어났던 마법이다. 오즈의 마법에 힘입어 1873년 금은 이원통화 본위제에서 단일통화 금본위제가 탄생된다. 《오즈의 마법사》에서 도로시가 에메랄드 궁에서 자기 방으로 가기 위해 필요한 숫자도 73이었다. 도로시가 문 7개와 층계참 3개를 통과해야만 자기 방으로 되돌아갈 수 있었던 것은 '73년의 죄악'[52]을 벗어나야만 자기세계를 만들 수 있다는 의미도 내포한다.

은행자본과 금융카르텔이 주도권을 행사했던 금본위제가 탄생된 해인 1873년에는 금 1온스가 은 18.1온스로 교환되었다. 그러나 10년 뒤 금 1온스는 은 32.8온스로 교환된다. 은행자본에 더욱 유리하게 변화된 것이다. 은행자본이 유리하면 할수록 통화량은 줄어들었다. 동화에서 나쁜 마녀가 빗자루를 쓸면 마법의 회오리바람이 일어나듯 은행자본의 카르텔이 금을 쓸어 담아 통화량이 줄어들게 만들었다. 그리고 마침내 경기침체를 야기하는 디플레이션 현상이 발생했다. 그 결과, 인민대중은 오즈의 마법에 사로잡혀 실업과 빚더미에 허덕이게 되었다.

서부의 나쁜 마녀는 오하이오 주의 스탠더드 오일Standard Oil 카르텔을 상징했다. 이들 매킨리-록펠러 카르텔은 노란 윙키(인디언)와 날개 원숭이(중국 이주노동자)를 노예로 부렸다. 도로시가 그 마녀에게 물 한 양동이를 쏟아 부어 윙키와 날개 원숭이를 구출하는 행위는 물이 불을 끄듯이 돈으로 빚을 없애 버린 것을 의미한다. 마녀의 벽장 속에 감추어진 황금모자는 윙키와 날개원숭이를 지배하는 힘이었는데, 에메랄드 도시에 와 보니 이것 또한 마녀가 장막 뒤에서 조종하는 난쟁이와 같은 존재였다. 실제로 마커스 해너와 윌리엄 매킨리는 마녀에 의해 지배당하는 꼭두각시에 불과했다. 월가의 마법사 또한 영국 로스차일드가의 지배에 종속당해 있었던 것이다. 1931년 9월 21일까지 금본위제를 바탕으로 국제금융을 지배했던 영국의 금융자본은 남북전쟁 시 남부동맹에 자금을 대고 지속적으로 미국을 지배하려고 위협했고 마침내 1873년에 금본위제를 미국에 정착시켰다.

진정한 오즈의 마법은 인민을 지배하고 통제하면서 마력 없는 마술을 구사하는 마법사의 마술이 아니라 마녀의 마술이었다. 이것은 인민과 산업자본의 반발을 통제하기 위한 극약처방, 즉 금융 사보타지sabotage인 디플레이션 정책이 아니라, 영국의 마녀가 구사했던 인플레이션 정책이었다. 영국의 금본위제를 수출하여 미국에 정착시킴으로써 시장의 유일신교를 만들었던 마력이었다. 하지만 금융자본과 산업자본 간 대립으로 미국에 대공황이 일어나자 유럽도 그 소용돌이에 휘말리게 된다. 그 결과, 국제질서는 자본주의 블록과 사회주의 블록으로 나뉜다.

자본주의 블록에서는 영국의 금융 헤게모니가 미국으로 이동했

시장의 유일신교

다. 이를 극명하게 보여주는 예가 브레턴우즈 체제Bretton Woods System[53]의 출범 후 미국의 화이트안 채택이다. 대공황 해결을 위한 고민에서 만들어진 브레턴우즈 체제는 새로운 화폐 제도를 구상하게 된다. 이때 새로운 국제화폐 방코르Bancor의 창설을 주장했던 영국의 케인즈안이 기각되고 금 1온스당 35달러로 고정된 달러안을 주장했던 미국의 화이트안이 채택된다. 게다가 신생 민족국가의 탄생과 사회주의 블록은 더 이상 자본 간 혹은 국가 간 헤게모니 싸움을 용납하지 않았다. 금융자본과 산업자본 간의 대타협은 이러한 정세에서 만들어졌다. 그들을 단일한 이념으로 통합할 수 있었던 것은 반공 이데올로기를 표방하는 시장의 유일신교였다. 그 결과 시장의 규칙에 따라, 경쟁의 원리에 따라 자본의 세계를 구축하자는 현실주의가 지배하게 된다. 하지만 그러한 현실주의는 제국주의에 반대하는 민족 해방 운동과 냉전 체제 유지비용 증대라는 현실의 벽에 부딪치게 되었다. 또 다시 오즈의 마법이 필요한 시점이 온 것이다.

    베트남전쟁 당시 금 1온스가 77달러에 거래될 정도로 달러 가치가 폭락했다. 시카고학파는 그 원인을 고정환율제에 돌리면서, 변동환율제로의 전환만이 외환시장의 불균형을 해소할 수 있다고 주장한다. 미국은 실물과 무관한 달러 남발, 즉 담보 능력 없는 달러 남발 때문이라는 사실을 결코 언급하지 않는다. 과거 유럽 국가들은 전후 복구를 위해 금을 미국에 맡기고 약 120억 달러를 가져다 썼다. 그렇게 해서 "유로달러시장"[54] 형성의 기반이 마련된다. 그런데 복구를 끝내고 맡겼던 금을 되돌려달라고 하니 미국은 금이 없다며 버티다가 1958년에는 일방적으로 금태환 정지를 선포했다. 유럽인들의 압박이 계속되자 케네디 대통령은 쿠바 미사일 위기를 국제여론의 전면에 부각시켜 달러 위기의 파장을 정치적으로 무마시켰다.

그러나 1968년 프랑스의 경제학자 자크 뤼에프Jacques Rueff의 지적처럼, 지속적인 달러 남발 문제가 근본적으로 해결된 것은 아니었다. 미국의 연방준비이사회FRB는 최종심급에서 채무를 변제할 수 있는 중앙은행이 아니라 지불준비금을 관리한다는 명분 하에 무가치한 종이쪽지에 잉크를 발라 달러를 찍어내는 기계였기 때문이다. 어쩌면 이것은 《오즈의 마법사》에서 성문지기가 했던 말을 모방해서 만들어졌을 것이다. "아무도 위대한 오즈님을 볼 수 없다는 게 명령이다! 아무도, 전혀! …… 그분은 이 마녀와의 문제를 스스로 생각하고 계신다. 그리고 그 일이 아니라 해도 너희들은 어쨌든 그분을 만날 수 없다. 아무도, 심지어 궁전에 있는 우리도 못 만났으니까!"

할리우드 영화 〈다이하드 3〉(1995)에서 제레미 아이언스가 뉴욕 연방은행의 금괴를 훔친다. 그는 금괴를 훔치는 과정에서 허허실실의 병법을 사용한다. 자기 동생을 죽인 경찰을 타깃으로 삼아 개인적인 복수극처럼 가장하여 폭탄 테러를 일으킨다. 내가 좋아하는 배우 제레미 아이언스는 내가 싫어하는 배우 브루스 윌리스에게 폭탄 테러 퀴즈를 내면서 적들의 관심사를 다른 쪽으로 유도한다. 그러나 결국에는 제레미 아이언스가 브루스 윌리스에게 잡혀 죽는다. 경찰이 승리하는 전형적인 할리우드 스타일이다.

할리우드 영화를 싫어하는 사람들은 그 이유로 스토리의 단순성과 천편일률적인 권선징악을 든다. 하지만 스트레스 해소에는 이보다 효과적인 것이 없다. 그래서 사람들이 할리우드 영화를 지속적으로 찾고 있는지 모르겠다. 누구나 다 아는 단순한 스토리에는 누구나 당연히 여기는 것이 있다. 그리고 그 가운데 우리의 무의식을 의식적으로 조정하려는 것이 있다. 단순하게 말하면 단순한 것을 즐기는 것, 그것을 반복하여 식상하게 만드는 것의 이면에는 보이지 않는 실체가 도사리고 있다. 마치 〈다이하드 3〉가 할리우드 영화의 전형을 보이면서 우리에게 뉴욕연방은행이 금괴로 가득 차 있다는 환상을 남기는 것처럼. 하지만 미 연방준비은행에는 단 하나의 금괴도 없다. 장부상의 숫자만이 있을 뿐이다.[55]

2008년 미국 달러 체제의 위기관리

미국 달러화의 남발에 따른 미국발 금융위기는 글로벌 경제를 요동시켰다. 그럼에도 불구하고 수많은 경제학자들은 달러 이후 체제에 대한 언급을 회피하고 있다. 왜 그럴까?

이는 두 가지로 분석할 수 있다. 하나는 미국의 금융 권력이 달러 체제의 위기를 인정하고 그것의 방어 차원에서 위기를 가시화했기 때문이다. 실제로 미연방은행Fed(록펠러, 로스차일드, 골드만삭스 등의 대주주는 연간 6퍼센트의 배당금을 받는데, 이는 통화발행 시 정부로부터 받는 이자 수입이다. 미재무성은 미국의 재정적자 때문에 법적 근거가 없는 연방준비금융 소득세를 허용하여 주주들의 배당수익을 더욱 증가시켜 주었다. 미연방은행은 이를 바탕으로 세계화와 워싱턴 컨센서스를 디자인한 순수 민간 금융기업이다)은 투자은행과 상업은행의 통화 남발 혹은 자신들의 시스템을 모방했던 무담보 자산에 대한 부채의 유동화를 규제했다. 리만 브라더스의 파산은 이를 상징적으로 보여준다.

이러한 상징적인 규제는 1929년 대공황의 역사적인 전례를 모방했을 것이다. 1929년 대공황은 금융자본과 산업자본이 벌이던 권력싸움에서 금융자본이 사보타주를 하면서 발생한 것이다. 반면, 작금의 미국발 금융공황은 달러를 국제기축통화로서 고수하려는 전략 속에서 발생했다. 왜냐하면 또 다른 국제기축통화로서 유로화가 출범하면서 기존의 국제기축통화인 달러 체제가 동요하고 이에 따라 달러화가 남발되었기 때문이다. 미국은 이에 대한 지연책으로 반테러주의 이데올로기를 확대시키면서 이라크 침공이라는 극약처방을 구사했지만, 국제사회의 비협조로 물거품이 되었다. 그리고 마침내 달러 체제의 위기는 폭발했다.

그러나 우리가 좀 더 생각해야 하는 것은 이러한 사실의 강조가 아니다. 만약 달러 체제의 위기를 피할 수 없는 것이 역사적인 필연적 사실이라고 인정한다면, 미국의 금융 권력은 향후 주도권을 어떻게 행사할 것인가를 고민했을 것이다. 바로 미국 금융 권력의 그러한 노력이 달러 이후 체제에 대한 고민을 말소시켰다.

다른 하나는 경제학 담론의 고유한 한계 속에서 발생한다. 경제학의 담론은 고유하게 주권적인 담론이기에 현실에서 지배적으로 영향력을 발휘하는 권력을 부당 전제한다. 표준경제학(신고전학파 경제학)은 시장경제의 안정성만을 강조하는 균형 담론이다. 따라서 경제 권력의 재편은 생각하지도 못한다. 반면, 비표준경제학(이단학파, 마르크스주의 경제학)은 기본적으로 시장경제의 불균형을 강조한다. 그러나 불균형의 원인을 기업가의 혁신(오스트리안 학파)에 따른 것으로만 사고하고, 이에 대한 시장경제의 불안정성을 어떻게 제도적으로 조정coordination할 것인가라는 것만 고민했지, 제도 그 자체의 실패는 한 번도 고민하지 못했다. 경제학의 담론은 제도의 실패를 정치의 문제로 치부하면서 아예 고민하지도 않을 것이다. 반면, 마르크스주의 경제학은 자본주의 경제의 고유한 불안정성만을 주장했다. 즉 화폐의 축장과 비축장에 따른 고유한 불안정성만을 고민하고, 자본주의 체제 내에서 개혁의 실패만을 강조했다. 이에 대한 위기 탈출 전략의 처방인 자본(가)의 공산주의 혹은 자본주의 그 자체의, 자본의 혁명 문제에 대한 분석을 상대적으로 등한시했다.

달러 이후 체제를 가시화시킬 수 없었던 원인이 이 두 가지이긴 했지만 좀 더 주요하게 영향력을 발휘한 것은 미국의 금융 권력이다. 그들은 위기에 대한 주도권을 행사했다. 그렇다면 미국의 금융 권력이 자신의 위기탈출 전략에서 가장 심각하게 고민한 것은 무엇일까?

이에 대해 우리는 두 가지 상이한 환경을 생각해야 한다. 즉 유로화의 출범 이전과 출범 이후의 달러 체제 위기를 탈출하는 전략이 상이한 점이다. 유로화 출범 이전 달러 체제 위기가 1950년대 말 브레턴우즈 체제의 몰락과 함께 시작되었다고 한다면, 당시의 위기 탈출 전략은 경제의 글로벌화였다. 이는 사회주의 블록과는 상이한 위기 탈출 전략이었다. 사회주의권의 파산은 일국사회주의 노선(스탈린주의) 때문에 더욱 촉발되었다. 그러나 자본주의 블록은 경제의 글로벌화를 통해 달러 체제의 위기를 모면했다. 나아가 자본의 유토피아를 끊임없이 창출했다. 그럼에도 불구하고, 이 배후에 자리 잡은 국제잉여가치의 미국으로의 이전을 간과해서는 안 된다. 유로화의 출범은 유럽이 자신들의 잉여가치가 미국으로 이전되는 것을 경계했기 때문에 가능했다.

그렇다면 유로화의 출범 이후에는 미국은 어떻게 자신의 위기를 탈출할까? 그것은 역으로, 미국에게 가장 치명타가 되는 것이 무엇일까를 생각해야만 찾을 수 있다. 유로화의 출범 이후에 미국에게 치명타가 되는 것은 무엇일까? 그것은 아시아의 경제블록, 즉 아시아 통화의 창출일 것이다. 아시아 통화의 창출은 아시아에서 생산된 잉여가치의 미국으로의 이전을 불가능하게 만들 것이기 때문이다. 따라서 미국의 위기 탈출 전략은 아시아의 경제 협력 봉쇄다. 말하자면, 아시아 국가들이 달러 이후 체제를 사고하지 못하게 만드는 것이다. 이것은 어떻게 가능할까? 외환이 부족한 국가들에게 미국 달러를 살포하면 된다. 즉 미국과의 통화스왑을 체결하면 가능해진다. 유럽통화 출범 이전인 90년대에는 외환위기 국가들의 부가 거

> 의 자동적으로 미국으로 이전했다. 그러나 우럽통화 출범 이후인 오늘날 미국은 외환위기 국가들을 통화스왑을 통해 적극적으로 도와주고 있다. 이것은 미국이 악당에서 천사로 돌변했기 때문이 결코 아니다.

할리우드 영화의 기법, 금융자본의 작동 원리, 그리고 달러 체제의 위기관리 비결에는 너무 많은 공통점이 있다. 예컨대 연방준비은행을 보라. 그들은 국가의 연방기구가 아닌데도 스스로 자신을 페드Fed라고 약칭하면서 대중들이 연방기구인 것처럼 인식하게 만든다. 뿐만 아니라 지불준비금도 비축하지 않고 장부에 숫자만 기입되어 있는데도 돈다발과 금괴가 있는 것처럼 가장한다. 연방준비은행은 1913년에 세워진 민간은행의 컨소시엄이고, J. P. 모건과 록펠러 등이 대주주다. 이들은 달러를 발행하고 그것에 대한 배당금을 받기 때문에 달러 남발이 곧 그들의 수익이다. 2005년도 기준으로 보면, 전체 달러 유통량 중 대략 70퍼센트가 해외에서 유통되고 있고 미국에서 실물과 연동되는 달러 유통량은 고작 3퍼센트 남짓이다.

시카고 연방준비은행에서 발행한 소책자들을 보면,[56] "은행은 예금으로 받은 돈을 대출하는 것이 아니다. 그렇게 하면 돈이 추가로 발행되지 않는다. 대출할 때 그들이 하는 일이란 대출자의 거래계좌의 신용과 교환해서 약속어음을 인수하는 것이다 …… 은행은 대출과 투자를 늘림으로써 예금을 늘릴 수 있다"고 나와 있다. 이는 17세기 금장金匠들이 고객으로부터 금화와 은화를 받아 맡아서 관리하고 고객에게 영수증을 써주었던 것과 동일하다. 금장들은 고객의 금 80퍼센트를 가지고 고리의 이자놀이를 했다. 사람들이 금으로 바꿔달라고 하는 영수증의 액수가 실제 맡겨진 금의 20퍼센트보다 못 미쳤기 때문이다. 만일 금장이 어느 고객에게 대출한다면, 그는 금을 대출하는 것이 아니라 특정한 금량에 해당하는 숫자를 이자와 함께 대출 장부에 기입하고 그것에 해당하는 금 보관 영수증을 써준다. 이러한 방식으로 대출해 줄 경우 금장들은 가만히 앉아 시중의 금을 자신의 금고로 휩쓸어 담을 수 있었다.

근대 은행도 이와 같은 금장의 운영 방식을 모방하여 기업에 대출하고 이자를 받는다. 대출 받은 기업은 대출금 전액을 인출하는 것이 아니라 그것을 자기 소유의 예금 계좌에 입금하고 필요할 때만 인출한다. 이렇게 되면, 대출이 증가하면 할수록 은행의 예금 수신고도 증가한다. 그에 따라 은행의 예대 마진 수익도 자연스럽게 늘어난다. 대출금 중 기업 파산으로 인해 대출자금을 회수하지 못하는 부실채권의 리스크를 제외한다면, 은행의 금융자산은 나날이 부풀어간다.

미국의 달러화 살포 정책도 이러한 논리와 같다. 미국에서 발행된 달러는 아시아에서의 제품 생산 활동에 투자된다. 아시아에서 생산된 제품은 미국의 소비시장에서 팔린다. 아시아는 대가로 받은 달러를 다시 미국 금융시장에서 맡긴다. 이에 따라 결국 미국은 가만히 앉아서 물건을 생산하지 않고 소비만 즐길 수 있다. 만약 아시아의 국가들이 자국민들을 위해 복지수준을 개선시키지 않는 한, 아시아인들은 노예처럼 열심히 일만 했지 달러를 벌어들인 실질적인 혜택을 모두 미국에게 이전시키게 된다. 또한 아시아는 생산 활동을 지속시키기 위해 적정외환보유고를 유지해야만 한다. 그만큼 아시아의 복지수준이 낮아진다. 복지에 들어가야 할 비용이 달러 체제 유지비용으로 전용되기 때문이다.

이와 같은 마법은 미국 경제학자들이 주장하는 "시장의 효율성 가설"에서 더욱 더 위력적으로 나타난다. 시장이 스스로 안정을 되찾을 수 있는 조정력을 가진다는 시장의 효율성 가설은 화폐의 생산, 유통, 파괴의 동학에 따른 시장들의 위계성을 인정하지 않고 단지 모든 시장은 상호의존적이라는 것을 주장하는 현상학일 뿐이다. 또한 그 배후에 존재하는 삶의 불평등 문제를 간과한다.

시장 간의 위계성이란 재화시장은 화폐시장의 하부 구조에 지나지 않는다는 의미다. 예를 들면, 금장의 운영 방식에서 파생된 금융시장은 구조적인 불안정을 내적으로 지닐 수밖에 없다. 금융시장에서의 가격 형성 방식이 재화시장과는 전혀 다르기 때문이다. 금융시장에서는 금융의 파편성fractionality에 따라 가격이 형성된다. 금융의 파편성은 금융 자산 가격의 상승이 신용의 수요와 공급을 모두 증대되도록 만든다. 일반적으로 재화시장에서의 수요와 공급은 서로 독립적이다. 따라서 재화 가격이 상승하면 소비 심리상 어느 정도 선까지는 계속 구매하지만 곧 다른 보완

재를 찾거나 소비를 멈추고 관망한다.

그러나 금융자산시장은 자산 가격이 상승하면 곧바로 그것을 담보로 좀 더 많이 자산을 구매하려 한다. 따라서 재화시장과 같은 수요의 한계가 존재하지 않는다. 자금을 공급하는 은행 또한 자산 가격의 상승은 그만큼 자금 수요자의 담보 능력이 높아진다는 의미이므로 신용을 더욱 공급하여 자산 가격의 상승을 부채질한다. 만일 총통화량 중 20퍼센트만 실물과 연동하여 움직이고 80퍼센트는 금융자산시장에서 움직인다면, 20퍼센트에만 재화시장의 논리가 투영되고 나머지 80퍼센트는 재화시장과는 무관하게 가격 조정이 일어나지 않고 브레이크 없는 자동차처럼 무한 질주하게 된다. 소위 금융거품bubble이 만들어진다. 그에 따라 가격 조정이 파괴적으로 나타난다. 거품이 꺼질 때 투매 현상이 일어나는 것은 차익 실현이 불가능하다는 기대감뿐만 아니라 오히려 자산 보유가 더 큰 손실을 야기할 것이라는 전망 때문이다. 자산시장에 비관적인 반응이 팽배해지면, 시장 참여자의 쏠림 현상이 나타난다. 구매자는 없고 판매자만 급증할 경우 사람들이 결국 자신의 자산을 판매하기 위해서는 가치를 절하시켜서라도 판매하려는 성향을 보이기 때문이다.

그 배후에는 자본주의 거래관계에 내재적으로 존재하는 "화폐 제약"이 도사리고 있다. 화폐는 사회적 부의 총체성을 재현할 뿐만 아니라 모든 부채를 청산할 수 있는 수단이다. 따라서 금융자산은 화폐로의 전환을 통해서만 사회적 부로서 표상될 수 있다.

사람들이 경제위기 시에 모든 금융자산을 화폐로 바꾸려고 하는 모습, 그에 따라 위기 시에 유동성 부족의 사태가 일어나는 것은 바로 이 때문이다.[57]

금융의 세계화

금융의 세계화는 금본위제 하에서 진행된 세계화와는 질적으로 다르다. 경제학자들은 영국 중앙은행인 영란은행이 주도한 세계화를 '제1차 세계화'라고 부르고 달러 체제인 워싱턴 컨센서스에 의해 기획된 세계화를 '제2차 세계화'라고 부른다.

제1차 세계화는 영국이 지중해의 상권을 장악한 이후의 시기를 일컫는다. 당시 런던은 국제무역에 필요한 자금 조달을 위해 세계 각지에서 발행되는 상업어음의 인수 네트워크를 가진 중심지였다.[58] 왕에게 화폐를 공급하기 위해 1694년에 세워진 영란은행은 대영제국의 대표 은행으로 자리잡았다. 그리고 스코틀랜드를 통합시킬 수 있는 힘의 원천을 제공했다. 그 결과 영국은 1707년 이후 금, 은 등 광물 자원을 찾아 방황하던 중상주의 정책과 해군력을 결합시킬 수 있는 계기를 마련했다.

한 손에는 화폐, 다른 손에는 무기를 든 대영제국의 정책은 네덜란드와 스페인의 중상주의 정책과도 달랐고, 지중해 상권을 장악한 로마 제국과도 달랐다. 네덜란드와 스페인의 중상주의 정책은 중앙은행의 역할이 부재했을 뿐만 아니라 대농장 중심의 귀족층에게 유리한 관세 정책을 구사했다. 게다가 구교(가톨릭)와 신교(프로테스탄티즘)의 갈등 때문에 바다의 패권을 영국에게 빼앗기게 된다.[59] 반면, 영국의 중상주의 정책은 해외로부터 유입된 금, 은을 영란은행이 관리하여 경제를 활성화시키고 산업을 발전시킬 수 있는 계기로 삼았다. 항해 자유를 표방하던 로마 제국에는 주권에 기반을 둔 영해 개념이 없었다. 해양 자체가 자원이라는[60] 근대적 인식이 부재했기 때문이다.[61] 이러한 인식 속에서 스페인이 선점했던 카리브해협에 영국과 프랑스가 진출한다. 이는 스페인의 입지를 점진적으로 약화시켰다. 뿐만 아니라 신성로마 제국의 내전에 휩싸인 스페인을 위협하기까지 했다.

    종교개혁의 피해는 유럽뿐만 아니라 카리브해협에서도 나타났다. 카리브연안 일대에서의 광산 및 농업인력 부족은 노예무역을 번창시켰다. 영국은 한편으로는 서아프리카의 흑인을 잡아 노예로 팔면서 막대한 이득을 챙겼고, 다른 한편으로는 해적을 육성하여 스페인이 선점했던 카리브해안을 괴롭혔다.

    이러한 양면 전술의 구사는 상품의 흐름에 선행하여 정보를 얻을 수 있는 금융의 특성에 기인한다. 프랑스 아날학파의 거장 브로델은 이런 점 때문에 금융이 자본주의의 핵심이라고 말한다. 금융은 단순히 자본의 축적 혹은 축적된 자본의 관리가 목적이 아니라 프로젝트에 자본을 투자하고 그것의 회수 위험을 관리하는 것이 목적이기 때문이다. 금융 리스크를 관리하기 위해서는

시장의
유일신교

무엇보다도 정보를 관리하는 금융 조직이 구비되어 있어야 한다. 금융 시스템의 설계는 국가 권력과 손잡아야 가능하다. 영란은행은 처음부터 왕실의 운영자금을 관리하기 위해 만들어졌기 때문에 암묵적으로 중앙은행의 역할을 수행했다. 금의 유출입 관리는 물론이고 상업 이윤을 유통시켰으며 심지어는 전쟁 금융 마련에까지 관여하게 되었다. 그래서 영란은행은 거대 산업 발전에 막대한 기여를 한다. 나아가 금본위제를 채택함으로써 세계의 정보 흐름을 장악할 수 있었다.

   영국이 나폴레옹과의 워털루 전투에서 승리할 수 있었던 것도 영란은행의 이 같은 점 덕분이었다. 금융귀족 로스차일드Rothschild가의 금융 네트워크는 나폴레옹이 워털루에 도착하기 하루 전에 정보를 알려주었다. 금융이 대출자금 및 차입자금의 흐름뿐만 아니라 정보를 관리했기 때문에 가능했다. 나폴레옹이 로스차일드가의 본거지 프랑크푸르트를 봉쇄했음에도 불구하고 로스차일드가의 금융 네트워크는 원활히 작동되어 영국에게 승리를 선사했던 것이다.

   다른 한편 로스차일드가와 불화를 만든 나폴레옹은 전비 조달에 어려움을 겪는다. 그러다가 영국 점령 이후의 지분권을 강매하여 전비를 마련한다. 만일 나폴레옹이 통화의 안정성을 관리하는 중앙은행의 역할을 이해했더라면 로스차일드가와의 불화는 일어나지 않았을 것이고, 금융의 조달 방식도 달랐을 것이다. 영국의 중앙은행은 자신의 보유자산을 팔아 금융을 만들었다. 반면 나폴레옹은 담보물 없이 미래의 꿈을 팔아 금융을 만들었다. 바로 이 점이 전쟁의 승패를 좌우하는 잣대가 되었다.[62] 이와 같이 제1차 금융 세계화는 현재의 보유자산과 금융의 상관성 바탕으로 이루어졌다.

제2차 금융 세계화는 나폴레옹식의 금융기법에서 파생된다. 하지만 그것의 존재조건과 그 하부 구조는 여러모로 상이하다. 첫째 미국 달러화 체제는 세계기축통화, 즉 에너지 및 원자재의 결재통화였다는 점, 둘째 달러 체제는 군사력의 절대적 우위에 기반을 둔 체제라는 점, 셋째 자본주의 국가의 입장에선 달러 체제를 거부하는 것보다 더 나쁜 사회주의 체제가 존재한 점, 넷째 미래의 유토피아가 현재를 규제하는 금융기법이 발전한 점 등이다.

이러한 배경은 금본위제에서 발생한 미국의 1929년 대공황과는 전혀 다른 맥락을 가질 것이다. 아이링 피셔Iring Fisher에 따르면,[63] 부채-디플레이션debt-deflation, 즉 과잉 채무는 빚 청산의 독촉을 야기한다. 빚 독촉이 심할수록 재산보유가는 더욱 떨어지고 그만큼 신용이 줄어들고 통화 팽창이 심하게 된다. 과잉 채무가 과잉 청산 요구를 만들고 과도 파산을 야기한다는 것이다. 이는 금본위제에서 더욱 심하게 나타날 수밖에 없다. 금본위제에서 과잉 부채는 곧바로 디플레이션(경기수축)을 야기할 뿐만 아니라 자산 가격의 왜곡을 심화시키기 때문이다.

미국의 대공황에서 피셔가 주목한 것은 부채와 화폐의 구매력이다. 과잉 투자와 과잉 투기는 반드시 부정적인 효과만 낳는 것이 아니라 생산 및 소득 증가 등과 같은 긍정적인 효과도 가져오기 때문에 과잉 부채보다 덜 중요하다. 그리고 과잉 신용은 부채 디플레이션이 아니라면 해롭지 않다. 하지만 과잉 부채는 항상 문젯거리로 부각된다. 그 이면에는 '시장은 반드시 교환되어야 한다'는 불문율과 '채무는 반드시 청산되어야 한다'는 불문율이 전제되어 있다. 부채-디플레이션도 이 불문율의 연장선상에 있다. 부채-디플레이션은 채무자가 빚을 갚지 못할 것이라는 예상 하에 대부자금을 회수함으로써 발생한다. 미래가 불확실한 상황에서 확실한 현재를 선택하는 보수적인 성향 때문에 경제가 급격한 충격에 빠진다는 주장이다.

이 점에 대해 좀 더 체계적으로 인식한 최초의 경제학자는 존 메이너드 케인즈John Maynard Keynes였다. 케인즈에 따르면, 불확실한 상황에서 인간이 저축 성향을 보이는 까닭은 좀 더 나은 미래를 위한 욕구 때문이 아니라 미래에 대한 불안 때문이라고 한다.[64] 미래에 대한 불안감 때문에 저축과 투자 간 균형이 무너져서, 다시 말해 저축의 증대분만큼 투자를 축소시켜 혹은 저축의 증대분만큼 유효수요를 부족하게 함으로써 경제 발전을 위축시킨다고 말한다. 이러한 논리를 입증하기 위해 케인즈는 《고용, 이자 그리고 화폐에 관한 일반이론》에서 "저축과 투자가 동일하다"는 정식을 만든다. 그러나 이는 그러한 정식대로 이루어지지 않는 현실을 설명하기 위한 수단일 뿐이다. 따라서 우리가 생각해야 할 것은 "어떠한 상황에서 저축과 투자의 불균형이 나타날 수 있는가"다.

저축과 투자의 불균형을 두 가지로 나누어 생각해 볼 수 있다. 첫째, 저축이 투자보다 클 경우다. 과잉저축은 불완전고용 혹은 실업을 구조적으로 만들어낸다. 특히, 화폐를 축장하는 금본위제에서는 이러한 현상이 상존한다. 둘째, 저축이 투자보다 작을 경우다. 과잉투자는 차입경제와 수출 위주의 경제에서 가능하다.

그런데 재미있는 것은 첫 번째의 경우는 주로 국민경제 내부에서 고유하게 발생하는 현상이고, 두 번째의 경우에는 자유무역의 상황에서 발생하는 현상이라는 점이다. 금본위제에서 일어났던 미국의 대공황이 부채-디플레이션 현상이라는 피셔의 주장은 미국이 차입경제 구조라는 관점을 투영한 것이다. 그러나 실제로 1920년대의 미국은 무역 흑자국이었기에 차입경제의 구조가 아니었다. 따라서 자산 가격의 폭락이 과잉 부채 때문이었다는 피셔의 설명은 화폐 퇴장의 논리를 자신의 화폐수량설에 삽입한 논리일 뿐이다.

반면, 케인즈의 설명은 비정상이윤 혹은 특별이윤을 누렸던 거품이 꺼지면서 가격이 폭락했고 그 결과 제1부문(1차산업)과 제2부문(2차산업) 간 불균등이 발생했으며 미래에 대한 희망의 부재 혹은 기업의 투자부진 때문에 거대한 실업의 악순환 고리가 만들어졌다고 설명한다.[65] 그런데 미국 대공황의 원인을 국민경제의 틀에서 찾지 않고 세계 경제의 틀에서 찾으면, 무엇보다 국제무역의 불균형 심화를 꼽을 수 있다. 1920년대 무역 불균형의 왜곡은 무엇보다 유럽 내전(1914~18, 혹은 제1차 세계대전) 이후 힘의 균형이 파괴되고 승전국이 패전국에게 일방적으로 전비 보상 체계를 만들었던 것 때문이다.

승전국의 전비 보상 체계에 대한 불만으로 등장한 히틀러와 그의 경제장관 발터 풍크Walther Funk의 유럽 신질서 청사진에는 이와 같은 무역 불균형 문제를 해소할 수 있는 안건이 담겨 있었다. 파시즘의 전범이라는 정치 이데올로기적 평가 혹은 유럽 승전국의 시각을 잠시 눈감아 준다면, 약소국의 입장에서 샤흐트-풍크 플랜은 매우 매력적인 세계 무역질서의 개편안이었다. 이는 전임자 할마르 샤흐트Hjalmar Schacht가 만든 쌍무적 물물교환 체계에 근거를 둔 것으로서 금의 이동이나 외환거래 없이 국가 간 무역균형을 이룰 수 있도록 한 안이다. 이 안은 무역 거래국이 자신의 중앙은행에 상대국을 위한 계좌를 개설하고, 그 계좌로 상대국으로부터 수입한 물품의 대금을 그 나라 통화로 지불하는 방식이었다.

풍크 플랜은 이러한 샤흐트의 쌍무적 물물교환 체계를 독일이 통제하는 유럽 안에서 다자간 결제로 확대하고 유럽청산동맹과 미국을 포함한 기타의 국가들 사이에서는 쌍방 결제로 한다는 것이다. 이와 같은 쌍무적 물물교환 체계는 무역불균형을 해소하는 또 다른 자유무역 체계였다. 무역 흑자국의 일방적인 힘의 논리가 관철될 수밖에 없었던 체계였다는 말이다. 그럼에도 그것이 작동할 수 없었던 역사적 계기는 무엇보다도 독일이 연달아 패전한 것이 주요한 요인이었겠지만, 승전국, 특히 영국과 미국 간의 국제통화질서 구상안 중에서 미국의 화이트안이 철저히 관철되었기 때문이다.

　미국의 화이트안에서 고려한 자유무역 질서는 화폐 질서와 무역 질서를 이분적dichotomy으로, 즉 IMF와 GATT로 나누어 각각의 질서를 자신이 유리한 힘의 논리가 관철될 수 있도록 구획하는 것이었다. 국제 거래에서 국제통화 질서는 무역 불균형을 지속적으로 야기하는 전통적인 금본위제를 금-달러 거래 체제(금태환 체제)로 변색만 시켰을 뿐, 대공황과 제2차 세계대전으로 비화되었던 무역 불균형 문제의 해소를 적극적으로 고려하지 않고 전후 복구에만 주안점을 두었다.

　영국과 미국 사이의 세계 경제 질서 재편 협상은 파운드 경제권과 새롭게 탄생할 달러 경제권의 권력 배분 싸움이었다. 케인즈안은 영국의 파운드 경제권을 보호하면서 새로운 국제화폐를 창출하여 국제통화 질서를 구축하는 가운데 무역 적자국(영국)뿐만 아니라 무역 흑자국(미국)도 무역 불균형 청산에 동참해야 한다는 것이 골자였다. 하지만 그 이면에는 미국의 유럽 원조를 유도해 내려는 복안이 담겨 있었다. 반면, 화이트안의 안정화 기금은 회원국이 각기 출현한 국제통화기금IMF을 만들어 운영하되 국가의 자율성을 인정하여 환율 통제권 행사를 용인하자는 영국의 케인즈안과 달리 고정환율제(금 1온스당 35달러)를 유지하자는 것이었다. 결국 화이트안이 관철되어 국제통화기금과 세계은행이 연달아 만들어졌고, 이로써 제2차 금융 세계화의 서막이 열리게 된다.

제2차 금융 세계화는 미국에 의해 주도되는데, 크게 두 단계로 대별된다. 첫 번째는 소위 런던 헤게모니로 불리는 제1차 금융 세계화의 모방 단계로, 금환본위제(1944~72) 혹은 브레턴우즈 체제를 말한다. 이 단계에서는 제1차 금융 세계화와 마찬가지로 은행자본 중심으로 자본의 노마드 운동이 펼쳐진다. 2차 세계대전 이후 대형 금융기관들이 몰려 있던 뉴욕의 월가Wall Street는 새로운 금융 중심지로 부각된다. 전쟁의 최대 수혜국 미국이 황금 노다지 같은 자금줄을 잡았기 때문이다. 게다가 국제 무역거래의 결제통화가 미 달러화로 통용되었던 점도 미국이 전통의 금융도시 런던을 압도할 수 있는 힘으로 작용했다.

런던의 금융 헤게모니 또한 무시할 수 없을 정도로 여전히 일정 부분 힘을 유지하고 있었다. 하지만 수에즈운하 사건을 계기로 세계의 금융헤게모니는 뉴욕 쪽으로 기울어졌다. 무엇보다 결정적인 것은 1973년 변동환율제로의 변경이었다. 변동환율제로 바뀐 이후 전 세계 금융의 성격은 환골탈태했다. 제1차 금융의 세계화 시기에는 경제적 부국의 저축이 경제적 빈국에게 고율의 이자를 받고 투자되었다. 반면 1973년 이후 제2차 금융 세계화 때에는 담보 능력이 없는 화폐를 남발하여 화폐의 주권적 역할을 극대화시켰다.

화폐주권에 대한 논의는 프랑스의 경제학자들, 특히 미셸 아글리에타와 앙드레 오를레앙(1998)이 1980~90년대 유로화의 탄생을 준비하면서 편저서[66]를 통해 본격적으로 논의했다. 하지만 화폐주권은 중세 시대에 이미 프랑스 샤를 5세의 책사 니콜라 오레스메 Nicola Oresme(1323~1382)에 의해 권력의 통치수단으로서 논의되었다. 오레스메에 따르면, 국왕이 왕자들을 제어하기 위한 통치수단으로서 화폐를 사용했다. 화폐가 "공동체의 이름" 혹은 "공공선"으로서 창안되었기 때문이다.[67] 왕은 '세뇨리지Seigneuriage 효과'[68]를 통해서 이득을 취할 수 있었다. 통화의 독점적 발행권에 따른 수혜를 누린 덕분이었다.

그런데 세뇨리지 효과에는 딜레마가 있었다. 왕이 화폐의 발행권에 따른 이득을 극대화시킬수록 그 효과가 반감된다는 점이다. 왕이 화폐의 내재적 가치를 줄이며 장난을 치고 있는데, 어떤 미친 이가 그것을 곧이곧대로 수용하고만 있겠는가? 왕도 속이니까 나도 속인다는 식으로 사고한다면, 세뇨리지 효과는 반감되는 것이다. 세뇨리지 효과를 누리기 위해서는 왕이 발행한 화폐 이외에 모든 화폐를 불법적인 화폐라고 규정해야만 했다. 왕이 통치할 수 있는 영역 혹은 감독할 수 있는 범위 안에서만 세뇨리지 효과를 만들 수 있었던 것이다. 이런 점에서 세뇨리지 효과를 누리기 위해서는 무엇보다도 그것을 실행하고 관리 감독할 수 있는 무력의 보유가 필요했다.

1973년 미국에 의한 변동환율제로의 변경은 이를 잘 보여주는 사례다. 미국은 냉전 이데올로기를 만들고 베트남 전쟁에 참여했다. 그 배후에는 언제나 달러 남발에 따른 부담감 해소가 자리잡고 있었다. 냉전 이데올로기 유포와 베트남 참전은 미국이 세뇨리지 효과를 극대화시키기 위해 혹은 그것의 딜레마를 무마시키기 위해 벌인 것이었다.

서방 경제학자들은 1973년 10월 17일 중동의 오일쇼크를 계기로 케인즈적인 복지국가 체제에 위기가 발생했다고 설파하고 금융의 세계화를 통해 그러한 위기에서 탈출을 모색했다고 말하는 것을 너무 좋아한다. 하지만 중동의 산유국이 석유를 무기화시킨 것은 미국의 달러 남발에 대한 그들식의 대응으로 보인다. 달러를 받고 석유를 팔고 있으므로, 달러 인플레이션만큼 석유 가격을 상승시켜야 한다는 중동국가의 논리는 너무나 타당한 것이기 때문이다.

이로 인해 세뇨리지 효과를 즐겼던 미국이 구사할 수 있는 길은 두 가지로 나타날 수밖에 없었다. 전 세계적으로 생산을 증대시키든지 아니면 세뇨리지 리스크를 전 세계로 분산시키는 것이었다. 미국의 선택은 이 두 가지의 수단을 모두 사용하는 것이었다. 전자는 아시아자본주의의 개발 논리로, 후자는 달러 남발 체제dolarization를 의미하는 금융의 세계화로 이어졌다.

이것의 효과는 너무나 절묘했다. 석유 가격의 상승분은 런던의 유로달러시장에서 완화되기 때문에 전 세계적인 디플레이션 위험이 줄어들었다. 뿐만 아니라 런던의 유로달러시장은 자신의 소득 이상을 지출하도록 허용해주는, 즉 런던의 유로달러시장에 달러자금을 공급해주는 뉴욕의 월가 체제를 필요하게끔 만들어주었다. 또한 런던의 유로달러시장은 아시아의 개발자금을 공여함으로써 재순환recycling 구조를 만들기도 했다.

그러나 은행의 자금 재순환은 본질적으로 기만적인 것이다. 은행의 자금 중개 활동이 예금을 받고 그것을 대출하는 것이 아니라, 대출을 해주고 예금을 창조하는 것이기 때문이다. 아시아 국가에서 차입을 하지 않았다면 중동의 산유국은 결코 석유 결제 자금을 유로달러시장에 예치하지 않았을 것이다. 아시아 국가들이 뉴욕에서 달러 자금을 차입한다면, 런던의 은행들은 그 이탈분만큼 미국의 통화시장에서 달러를 차입해야 했다. 폭탄을 안고 질주하는 위험하기 짝이 없는 달러 지배 체제의 브리꼴라주bricolage 가 만들어진 것이다.[69]

사회적 지대 수취로서의 금융

금융Finance이란 무엇인가? 어원적으로 살펴보면, 금융은 '어떤 사업을 완수한다Finir une affaire'는 의미다. 그렇다면 사업을 완수한다 함은 무슨 의미일까? 어떤 실체를 이루기 위해 성실히 일해서(열심히 일한 것이 아니다) 자신이 원하는 목적을 획득하는 것이다. 그렇다면 자본주의에서 사업을 완수한다 함은 무슨 뜻일까? 개인, 기업, 기관 등이 사회적 부로서의 화폐를 얻기 위해 사업을 벌여 화폐를 취득하는 것이다. 쉽게 말하면, 돈을 벌기 위해 일을 꾸며 돈을 버는 것이다. 일반적으로 사람들은 "돈을 벌기 위해서는 돈이 필요하다"고 말한다. 그러나 이 일반적인 통념이 바로 금융을 온전히 이해하지 못하게 만드는 함정이다. 금융을 화폐를 취득하기 위한 자금 조달로만 이해할 경우 사업을 완성하기 위해 필요한 자금의 관리는 망각하기 쉽다.

금융金融이라는 한자어를 자세히 뜯어보면, 화폐[金]가 솥[鬲]에서 벌레[虫]처럼 연기가 되는 것, 즉 돈이 녹아서 있는 것과 없는 것이 하나로 섞이는 것이다. 즉 실實과 허虛의 융합 과정이 바로 금융이다. 그렇다면 경제학에서는 금융을 어떻게 다룰까? 1937년 케인즈와 오린Ohlin 사이에서 벌어진 논쟁은 이와 관련된 최초의 논쟁이다. 그들은 금융finance을 사전적 의미로 볼 것인가 아니면 사후적 의미로 볼 것인가라는 문제를 놓고 열띤 논쟁을 벌였다. 하지만 실상은 이보다 더 복잡했다. 둘의 이론적 기반이 서로 상이했기 때문이다. 신고전학파의 거장 오린은 화폐와 실물을 분리하여 화폐의 중립성(화폐란 실물의 가면일 뿐이어서 실물에 영향을 미치지 않는 가치 저장 수단이다)을 주장했다. 반면 거시경제학의 창시자 케인즈는 화폐와 실물의 통합경제, 즉 화폐 생산경제를 사고하고 화폐의 비중립성(화폐는 실물에 영향을 미치며, 화폐 가치 변동은 사회적 불평등을 낳는다)을 주장했다.

이와 같은 경제학자들의 추상적인 금융 논쟁이 본격적으로 현실적 문제로 대두된 것은 1958년 IMF-GATT 체제의 위기 때였다. 금태환(달러와 금의 교환)을 전제로 유럽 각국은 전후 복구를 위해 미국으로부터 달러를 차용했다. 복구 후에는 종이쪽지인 달러 대신 금을 되돌려 달라고 미국에 요구했다. 그런데 미국은 처음 약속보다 금을 적게 줄 수밖에 없다고 협박했다. 그만큼 미국 달러를 남발했던 것이다. 이에 따라 화폐가치가 변동할 때 만들어진 위험risk을 어떻게 해야 하는가라는 문제가 본격적으로 제기된다. 이는 화폐가 가치 저장수단이라는 신고전학파 이론이 무너지는 순간이었다.

그러나 파틴킨D. Patinkin이 아이디어를 만들어냈다. 실질잔고의 변동으로 자신의 이론을 방어했던 것이다. 그는 화폐의 초과공급이 증권의 초과수요를 만들기 때문에 통화시장의 균형이 유지된다고 주장했다. 그러나 이 같은 신고전학파 이론은 화폐가 부채를 청산하는 수단이라는 자신들의 전제를 막는 것이었다. 즉 화폐란 노동의 의무를 강제하는 자본주의의 철의 강령(정말 '이상한 나라의 앨리스'의 낯선 여행이다)이라는 사고를 못하게 만드는 것이었다.

하지만 아이디어는 아이디어일 뿐이다. 1965년 프랑크 한F. Hahn은 그 아이디어의 허구를 찾아냈다. 남발된 화폐를 수익을 주는 증권 혹은 사회적 지대를 수취할 수 있는 증권으로 대체할 수 있다면, 교환할 때 그것의 가격은 얼마인가, 남발된 화폐의 가격은 제로가 아니냐고 따진 것이다. 여기에 클라우어Robert W. Clower도 가세했다. 그는 "파틴킨 너처럼 사고한다면, 기업의 도산은 근본적으로 불가능한 것 아니냐"고 말한다. 그렇기 때문에 "화폐제약" 문제를 망각해서는 안 된다면서 케인즈의 사고를 두둔했다.

그러나 현실은 논리가 아니다. 더구나 힘 있는 자가 주장하는 현실은 논리만으로는 극복하기 어렵다. 결국 달러의 위기는 만들어졌고, 그것을 무마하기 위해 금융시장이 발달했다. 금융이 본격적으로 활개를 치게 된 것이다. 자본주의가 사업을 매개로 돈을 벌어들이는 환상적인 동화게임이라면, 금융시장은 그 환상을 더 마음껏 펼칠 수 있도록 만드는 판이었다. 달러의 남발이 커지면 커질수록 미국 금융시장은 더욱 더 발전했다. 힘 있는 미국이 자신의 부채가 자신의 수익증권과 교환된다고 주장했기 때문에 그걸 믿는 수밖에 없었다.

그러나 미국의 은행들은 국가도 그렇게 사기를 치는데, 우리도 못할 것 없다면서 자신이 변제할 수 있는 여력을 넘어서 마구잡이식으로 상업어음을 발행했다. 그리고 그것을 파생상품과 연동하여 청산했다. 국가가 즐기는 신비로운 마술을 모방했던 것이다.

이 마법의 세계에 위기가 휘몰아친 지금, 개인적으로는 미국이 어떤 새롭고 신비로운 마법을 또 만들어 낼까가 초미의 관심사다. 자본주의 자체가 이미 마법이기에 그것을 비판하지 않고 미국의 무책임을 주장하는 것도 어쩌면 미국의 마법에 또 다른 식으로 포획된 것일지 모른다. 그래서 나는 마법에 속은 사람들의 목소리보다는 마법사 미국이 준비할 새로운 마법에 더 관심이 있다.

달러 지배 체제의 그늘

달러 지배 체제는 1980년대 들어서면서 소위 G7국가들 사이에 보였던 경상수지의 글로벌 불균형을 무마시킬 수 있었다. 미국은

레이거노믹스로 조세 경감을 통해 다국적 기업을 지원—경제학자들은 이를 공급 중시 경제정책이라고 말한다—하고 '군사비 지출'[70]을 통해 군산복합체를 지원함으로써 천문학적인 적자를 만들어냈다. 그리고 그러한 정책을 통해 중심부 국가에서는 정신노동을 전담하고 주변부 국가에서는 육체노동을 전담하는 국제적 노동 분업 체계의 골간을 만들면서, 2차대전 후 형성되었던 미국의 산업 구조, 즉 미디어-군산복합체-금융 삼두마차 체제를 지탱했다. 물론 그 배후에는 '워싱턴 컨센서스Washington Concensus'가 자리잡고 있었다. 대표적인 사례는 플라자Plaza 합의와 역플라자 합의 과정에서 손쉽게 찾아볼 수 있다.

1985년 플라자 합의에 의해 엔고-저달러(혹은 일본 저금리, 미국 고금리)가 만들어졌다. 당시 환율은 달러당 240엔이었다. 당시 일본은 달러 가치가 10퍼센트 하락할수록 10조 엔의 손해를 보았다. 이에 따라 오바 일 재무상은 왜 우리가 미국에게 화폐의 펌프 역할을 해야 하는가라며, 역플라자 합의를 제안한다. 미국은 그것을 수용했다. 그런데 일본의 손해는 더 심해졌다. 1990년대 초반까지 달러당 80엔으로 달러 가치가 떨어졌다. 일본은 디플레이션 현상까지 나타나 '잃어버린 10년'이 되었다.

플라자 합의와 역플라자 합의라는 정반대의 정책에도 불구하고 미국은 어떻게 지속적으로 이득을 볼 수 있었을까? 이 문제의 해답은 요시히코 이치다의 논문[71]에 있다. 통상, 홉스봄의 제국주의론적 시각은 제국주의 국가가 주변부 국가에 자국의 상품을 수출하고 잉여를 수탈한다는 것이다. 그러나 미국은 생산 이상으로 상품을 수입하고 생산 이상으로 소비를 한다. 그렇게 되면 망해야 정상인데, 미국은 망하지 않았다. 달러를 찍어서 주면 되기 때문이다.

어떻게 이것이 가능할까? 마르크스에 의해 논증되었던, 자본이 임금노동자를 착취하는 원리에 그 답이 있다. (1) 일반적으로 순생산물의 가치가 명목임금과 같으면 기업의 이윤은 제로다. 즉 플라자 합의에서는 "물가=명목임금 × (1-1/이윤율)" 원리가 적용된다. 생산물의 가치를 과소결정하는 것이다. 일본은 미국에 수출하여 경상수지 흑자를 낸다. 그런데 달러의 가치가 떨어지면 일본은 손해를 본다. 이는 기업 이윤은 달러를 다량으로 보유하는 것이 아니라 미국 물건을 소비할 때 결정된다는 의미다. 자본/임노동 관계에서 미국을 자본가, 일본을 노동자라고 한다면, 미국이 이윤을 창출하는 것이 노동자의 저축을 통해 언제나 가능하다는 원리다. 노동자의 저축이 착취의 매개물로 이용되기 때문이다. (2) 반면, 역플라자 합의에서 일본이 손해를 보는 이유는 "순생산물=실질임금+실질이윤" 원리가 작동되기 때문이다. 이는 착취의 주요 장소가 소비 과정에 존재한다는 의미다. 다시 말해 미국이 종이로 만든 화폐, 즉 달러를 타국이 받아만 준다면 얼마든지 소비할 수 있다는 것을 뜻한다. 만일 "이윤율=1+달러 가치 하락률"이라면 플라자 합의나 역플라자 합의가 동일할 것이고, 미국의 과잉 부채는 도산할 수 있다. 그러나 국제통화로 표상되는 미 달러를 보유하지 않으면 외환위기에 직면하게 된다. 이는 종이에 불과한 미 달러를 강제로 보유하도록 하는 장치다. 미 달러의 가치가 하락하면 보유한 외환의 가치는 하락하고 곧바로 잉여는 미국으로 이전되는 것이다. 이것이 바로 달러 패권의 꽃놀이패다.

  이와 같은 방식으로 미국은 공공적자를 통한 민간 자금의 부족분을 세계 잉여자금의 유입으로 충당했다. 반면, 독일과 일본은 긴축재정을 통해 미국의 인플레이션을 완화시키고 지나친 금리 상승을 막았다. 이것은 선진국 간 자본 이동의 자유화를 통해서 가능했다. 1990년대에 들어서면서 자본 이동의 자유화는 워싱턴 컨센서스 이데올로기에 감염된 국제기구를 통해 아시아 신흥공업국에게 강요되었다. 그 결과, 부유하는 금융자본은 아시아로 흘러 들어왔다. 그런데 1990년대 중반에 상황이 반전되었다. 미국과 유럽 간의 화폐가치 조정에 따라 유럽은 엄청난 경상수지 흑자를 보였다. 그러나 한 곳의 흑자는 다른 곳의 적자를 연출하는 것이 시장의 메커니즘이다. 유럽의 흑자가 다른 지역에 적자를 가져왔다는 말이다. 어디인가? 바로 아시아였다. 아시아는 엄청난 경상수지 적자를 볼 수밖에 없었다. 아시아와 유럽 사이의 이 같은 화폐가치 불균형은 자연스럽게 아시아의 금융 위기를 야기했다. 그 위기를 통해 아시아와 유럽의 화폐가치는 새롭게 조정되었다.[72]

달러 지배 체제의 위기

달러 체제의 위기는 천상천하 유아독존이었던 달러화 이외에 유로화가 국제기축통화로서의 지위를 획득한 2000년대에 접어들면서부터 시작되었다. 그런데 재미있는 사실은 브레턴우즈 체제의 몰락 과정과 워싱턴 컨센서스 체제의 몰락 과정이 유사한 패턴을 시현했다는 점이다.[73] 어떤 패턴인가? 달러화의 위기가 전 세계적으로 표면화되기에 앞서 언제나 이상한 사건이 일어났다.

먼저 브레턴우즈 체제를 보자. 브레턴우즈 체제에서는 1950년대 달러화의 금태환 불안 문제[74]가 가시화되는 과정에서 1956년 수에즈운하 사태가 일어났다. 이 사태는 영국의 파운드화 권역의 힘보다 미국의 달러화 권역의 힘이 더 막강하다는 것을 전 세계에 알리는 계기로 작용했다. 예를 들면, 1960년 말부터 런던에서 금1온스당 40달러에 교환되던 것이 뉴욕에서는 1온스당 35달러에 교환되는 기현상이 벌어졌다. 그만큼 미국의 화폐가 미국에서는 과잉평가되었고 유럽에서는 과소평가되었던 것이다. 로버트 트리핀Robert Triffin이 지적했다 하여 이를 "트리핀 패러독스Triffin's paradox"라고 부른다. 국제기축통화를 운영하는 국가는 자신의 통화가 외국에 통용되도록 하기 위해 무역적자를 확대시키려는 의지를 가졌음을 지적한 것이다. 2008년 워싱턴 컨센서스 체제의 위기 속에서 중국 인민은행장이 국제기축통화를 달러로 고수하기보다는 달러 대신 IMF의 특별인출권SDR으로 국제기축통화를 다시 만들자고 주장하는 것도 이런 이유에서다. 물론 미국 측은 아시아 개발을 위해서는 미국이 경상수지 적자를 감수하고 달러를 남발할 수밖에 없었다고 반론하면서 미국의 자비론—위대한 한국 사람들 이외에 세계 어느 나라 사람들도 미국의 이 말을 액면 그대로 믿는 자가 없긴 하지만—을 외친다.

이와 관련하여 워싱턴 컨센서스 체제의 위기가 좀 더 가시화되기 전인 2001년 10월에 일어난 미국의 엔론Enron 스캔들도 주목할 필요가 있다. 이 사건이 회계장부 조작 사건에서 시발한 것이긴 하지만, 장부가격 위주의 회계 방식과 현재가격 위주의 회계 방식의 차이에 따라 금융을 조달하고 인적 네트워크에 따라 공인된 가상적 미래소득이 물질노동을 가공하여 부를 수취하는 현재소득보다 더 폭발적으로 성장할 수 있고 또한 엄청난 자금을 한순간에 날릴 수 있음을 보여준 대표적인 사례이기 때문이다. 이러한 엔론의 기법은 파생금융상품, 특히 부채 유동화 증권을 이용하여 담보 능력 없이 통화발행 효과를 야기했던 미국 상업은행들의 금융기법으로까지 발전한다.

그러다가 2008년 11월 뉴욕 연방준비은행 총재 가이스너에 의해 리만 브라더스 은행이 파산하면서 파생금융상품 기법은 내리막을 걷는다. 유로화의 탄생으로 그동안 남발되어 부유하던 달러 자금도 골치가 아픈데 월가의 상업은행마저 통화 남발을 획책하면 앞으로의 달러패권이 위협받을 수밖에 없다는 위기의식에 따라(혹은 달러화 위기관리 프로그램의 작동에 따라) 제지를 받은 것이다. 이는 곧 2008년 미국발 글로벌 금융위기의 폭발로 이어진다.

글로벌 금융위기의 원인이 무엇인가에 대한 판단은 입장에 따라 상이하게 나타나겠지만, 누구나 부인하지 못하는 원인은 미국의 무책임한 국제기축통화 관리다. 글로벌 금융의 불균형과 무역의 불균형 현상이 그것을 표출했다는 사실 또한 누구도 부인하지 못한다. 하지만 문제는 어떻게 그러한 문제가 발생되었는가다. 그리고 앞으로 어떻게 타개해야 하는가다.

글로벌 금융 불균형 현상을 살펴보면, 금융의 불균형은 중심부, 중간부, 주변부 간 위계적 질서 혹은 권력관계를 심화시켰다는 데 문제의 핵심이 담겨 있다. 자본주의 국가들은 브레턴우즈 체제 이래로 국제적 권력 관계의 비대칭성을 온존시키면서 일방적인 패권의 논리를 수용한다. 그리고 냉전의 논리에 따라 일정한 협력을 유지한다. 그러나 1973년 이후에는 그러한 국가 간 협력에 변화가 생긴다. 힘의 크기에 비례한 협력, 마치 돈의 액수에 따라 의사결정력이 관철되는 자본주의적 주주총회와 흡사하게 시장의 유일신교에 기반을 둔 협력으로 바뀐 것이다. 바로 이것이 자본주의적 대전제에 합의한 통치술(거버넌스)이다.

선진국을 지칭하는 중심부에서의 자본 축적은 금융의 세계화 논리에 걸맞게 미래의 가상적인 소득을 빌미로 신용을 조달하고 또 그것에 따른 유동성을 확보함으로써 유동하는 투기자본의 전형을 만들었다. 뿐만 아니라 유령처럼 떼거리로 몰려다니며 드라큘라처럼 사회적 부의 표상인 화폐를 빨아먹었다. 그 결과 신용은 선진국 중심의 "중심부"(G7)에서만 맴돌게 되었다. 한국을 비롯한 신흥국, 즉 "중간부"(G8–G20) 국가에서는 오직 경상수지 흑자를 통해서만 국제기축통화를 확보할 수밖에 없었다. 라틴 아메리카와 아세안의 개도국 등 "주변부" 국가들은 중심부와 중간부의 틈새 속에서 금융 및 무역의 불균형이라는 이중적 양극화의 딜레마에 시달리면서 자본주의적 과잉 착취를 맛보았다.

이와 같이 냉엄한 힘의 우열에 따라 재편된 금융의 세계화는 케인즈적 복지국가를 해체시켰다. 또한 금융 세계화의 이데올로기인 신자유주의는 시장과 정치 간의 위계관계도 전복시켰다. 전통적 국가질서에서 금융은 사회적 유대를 파괴하는 크레마티스티코스(고리대금업) 취급을 받으며 정치적으로 억압당했다. 이와 달리 금융의 신자유주의 이데올로기는 민주적이고 집단주의적 목표들이 개인의 이득 추구에 철저히 복종할 것을 설파한다.

그러나 역설적이게도 그러한 이데올로기가 심화될수록 지식 및 조직의 발전은 오히려 집단주의적 협력이 필요함을 보여준다. 예를 들어, 돈을 벌기 위해 환경을 파괴할수록 환경보호를 위한 집단적 협력이 부각될 수밖에 없게 된다. 그리고 좀 더 많이 생산하고 좀 더 많은 돈을 벌기 위해 유전자 조작 식품을 만들수록 역설적이게도 그것의 부작용을 방지하는 집단적 기구의 필요성이 강조된다. 금융의 세계화 역시 마찬가지다. 정치를 금융의 하위 범주에 넣으면 넣을수록 정치가 금융의 불안정성을 해소시킬 수 있는 유일한 방책이라는 점이 역설적으로 드러났다.

말문

　문명의 위기는 언제나 그 중심부에서 일어났다. 영국의 BBC 방송 다큐멘터리 〈문명의 멸망〉에 따르면, 모든 문명은 자연재해 때문에 멸망했다고 한다. 이집트 문명은 가뭄 때문에 나일 강의 범람이 이루어지지 않아 농토가 황폐화되었고, 그 결과 마침내 위기를 맞이했다. 하지만 그 다큐멘터리는 문명이 위기에 처했을 때 인간이 어떻게 투쟁했는가보다는 멸망의 원인이 자연재해에 있다는 점에 주목했기 때문에 인간의 역량과 노력을 잠식할 수 있는 엄청난 자연재해만을 지나치게 부각시켰다.

　한 문명의 위기와 몰락은 재생산 구조의 위기가 발생할 때 일어난다. 문명이 더 이상 삶의 재생산을 만들 수 없을 때 일어난다. 예를 들어, 고대 이집트 문명에서 유일신교는 식량의 위기 속에서 탄생했다. 식민지 개척을 통한 약탈 정책이 일시적인 식량 위기 탈출에 도움을 주기는 했다. 그러나 그에 따라 전통적인 신정정치는 몰락했다. 이집트에서는 지방의 각 도시마다 자신을 정체시키는 신(위대한 인간 정신)을 중심으로 도시 문명을 만들었고 파라오를 통해 도시 문명들 간의 상징적인 통일을 도모했다. 반면 유일신교의 탄생은 도시 간의 통합보다는 이집트인과 식민지인 간의 통합을 더 중요시하는 이데올로기였다. 따라서 언제나 전통과 불화를 야기할 수밖에 없었다. 그 결과 이집트에서 유일신교는 단명으로 끝나고 만다. 하지만 다신교 전통으로의 복귀는 외적에 대한 적극적인 대응이 아니라 소극적인 대응을 동반했기 때문에 결국 로마 제국의 침입에 의해 몰락할 수밖에 없었다.

이집트 문명의 스케치를 통해 살펴보고자 했던 것은 문명의 위기와 멸망에서 엿보이는 문명의 에네르기가 과연 무엇인가라는 문제였다. 나아가 동서양을 아우르는 자본주의 문명의 에네르기는 과연 무엇이었는가였다. 화폐 없이 인간의 위대한 정신으로 통합한 이집트 문명과 화폐로 인간의 노동을 통합하는 자본주의 문명을 유비시키는 작업은 한층 손쉽게 화폐 경제의 구조를 밝혀준다.

이 작업은 화폐 경제 구조가 어떻게 발전했고 자리매김되었는가에 대해 초점을 맞추었다. 그 가운데 우리가 당연하게 간주했던 관념도 본원적인 인간 삶의 과정에서 착근되었기보다는 지배관계의 동학에 따라 주입되었다는 점을 강조했다. 예를 들어, 근대인이 소중하게 생각하는 노동 관념, 즉 노동을 개인이 자신의 자아를 실현하기 위한 행위로 보는 관점도 사실은 노동에 착근된

파편적인 특징, 특히 작품의 생산을 통해 자아를 실현하는 예술가의 노동 관념을 일반화시켜서 만든 하나의 이데올로기일 뿐이다. 그것이 주입되는 과정 또한 자연스러운 과정이 아니라 폭력의 역사였다. 다시 말해서, 지주들이 좀 더 많은 화폐를 축적하기 위해 땅에 의존하여 삶을 영위하는 노동 대중을 쫓아내고 양떼 목장을 만든 울타리치기 운동, 즉 인클로저 운동의 전사가 숨겨져 있었다. 그러한 과정을 통해 가진 것이라곤 자신의 노동밖에 없는 노동 대중이 먹고 살기 위해서는 자신의 노동력을 파는 수밖에 없다고 사고하도록 만드는, 그것만이 자신의 힘이라고 자각하게끔 하는 관념이 형성된다.

하지만 지주의 인클로저encloser에 적극적으로 대응하는 안티 인클로저anti-encloser 운동(울타리 파괴 운동)은 무력했다(제1장). 근대적 개인의 탄생 혹은 부를 축적하고자 하는 이해와 열망이 좀 더 강했기 때문이다(제2장). 오히려 노동대중의 아웃클로저 outcloser 운동(울타리를 넘어서는 운동)이 더 자연스럽게 만들어졌다. 부랑자들은 능동적인 반대 운동을 만들지 않았다. 하지만 부랑하는 것 자체가 이미 지주의 능동적인 운동을 넘어설 수 있는 새로운 역사의 길이었다. 마치 바람이 불면 눕고 바람보다 더 먼저 일어나는 풀처럼 노동 대중의 아웃클로저 운동은 자본주의 문명의 첫 발걸음을 만들었다.

그런데 재미있는 것은 지주 계급에게 피해를 당한 노동 대중이 자신을 거두어준 부르주아 계급에게 화풀이하는 운동, 기계 파괴

운동을 벌였다는 사실이다. 역사적 시차를 무시하고 노동 계급 운동의 현상학 속에서는 적어도 그렇게 볼 수 있다는 것이다. 왜 이와 같은 낯선 현상이 목격되는 것일까? 뺨을 때린 사람은 학교 선생인데 집에 와서 엄마한테 화풀이하는 어린 학생처럼, 노동 대중의 계급 운동이 방황하는 이유는 무엇일까?

이에 대해 의식적인 사회주의자들은 의식적 측면을 강조하면서 자생성의 굴종이라 비판할지도 모르겠다. 하지만 좀 더 근원적으로 노동 계급의 무의식을 살펴보면, 그들에게 자신의 이익을 추구하는 인터레스트 관념이 계급의식보다 더 뿌리 깊게 자리잡혀 있기 때문이라고 말할 수 있다(제2장 2절). 인터레스트 관념은 종교 교단과 정치집단 등 특수집단에 한정하여 허용되었던 중세 시대의 지배 관념이었다. 그런데 이 지배 관념은 공리주의적인 사고방식 속에서 전체가 아닌 부분, 특히 개인의 범주로까지 확산된다.

하지만 공리주의적인 사고방식은 인간의 보편적인 사고방식이 아닌 특수한 사고방식일 뿐이다. 전체를 대변한다는 말은 모두 특수한 말이기 때문이다. 비록 공리주의가 인간의 보편적인 행복 추구권을 주장할지라도, 배후를 들여다보면 그러한 주장의 한계를 찾을 수 있다. 어떤 한계인가? 모든 인간은 보편적인 행복 추구권을 갖는다는 말은 누구나 인정하려 들 것이다. 그러나 이 말을 뒤집어 보면, 보편적인 행복 추구권을 갖지 않는 인간은 인간이 아니라는 말을 만들 수 있다. 이런 점에서 모든 인간이 보편적인 행복 추구권을 갖는다는 말은 부르주아적인 관념과 사변일 뿐이다.

그렇다면 부르주아적이지 않는 관념은 어떻게 만들어질까? 일찍이 마르크스는 존재가 존재의식을 규정한다는 식으로 말하기를 좋아했다. 하지만 존재의식을 규정하는 존재는 어찌 규정할까? 혹시 존재는 존재의 양태에 의해서 규정되는 것이 아닐까? 그리고 그 존재의 양태는 존재의 부재에서 규정되는 것이 아닐까? 만일 그렇다면 부르주아적이지 않는 관념은 부르주아 의식에 부착되어 반대하는 관념의 거울쌍 구조를 갖는 합리성이 아니라, 오히려 부르주아의 합리적인 의식 속에서 비합리적인 측면으로 나타나는 지점일 수밖에 없다.

그러나 문제는 의식의 합리성에서 부르주아적 지배 권력의 정당성이 결정되는 것이 아니라 힘의 우열 관계에 따라 부르주아적 권력의 합리성이 만들어진다는 것이다. 그렇다면 부르주아적이지 않는 관념은 부르주아적 권력 관계의 동학과 그 동학에 따라 조율된 부르주아적 합리성의 전개 과정을 포착하는 것 속에서만 존재할 수밖에 없다(제3장 2절). 그 속에서 우리는 선험적인 권력의 주체가 아니라 구조에 의해 호명되는 주체가 자본주의 문명의 프리즘을 다양하게 수놓았고 앞으로도 수놓을 것임을 직감할 수 있다.

하지만 우리가 분명히 인식해야만 하는 것은 자본주의 문명이 자본주의적 침탈을 통해 자본주의적이지 않는 문명들을 자본주의적으로 포식하면서 성장했다는 점이다. 이런 점에서 자본주의 문명은 자본주의적이지 않는 무언가를 수용해야만 문명의 위기로 나아가지 않는다. 당대 자본주의의 불안정성은 화폐에 긴박된 삶의 위기에서 비롯된 것이다. 자본주의 문명의 위기가 인간 문명의 위기로 발전한 것은 이런 이유에서다. 자본주의 문명에 살고 있는 사람이면 누구나 이것을 직감하고 있다. 하지만 현실적 관계 혹은 힘의 관계를 단절하지 못해 자본주의 문명의 블랙홀에서 허우적거리고 있다. 삶의 윤회를 끊어야만 해탈할 수 있듯이 자본주의 문명에서의 해탈도 자본주의 문명과의 단절이라는 작은 시작에서 비롯된다.

  자본주의는 한 번도 제대로 된 자본주의를 못해서 문제가 있는 것이 결코 아니다. 자본주의를 개혁해야 한다고 주장하는 자, 자본주의의 대안을 자본주의적으로 마련하고자 하는 자들이 이러한 사고에 심취했을 것이다. 하지만 자본주의적 개혁이 자본주의의 실패를 더욱 부추기고 있다. 개혁할수록 자본주의는 더욱 더 삶의 영역을 침탈하는 자본의 공산주의를 만들어낼 것이다. 그리고 삶을 더욱 자본주의의 굴레로 긴박시킬 것이다. 이미 공산화된 자본주의는 상시 자본주의적 구조를 개혁하자고 외치고 있지만, 그것을 외칠수록 자본의 공산주의는 더욱 더 인간 문명을 파괴할 것이다.

주석

[1] 유물론과 관념론이라는 형이상학적 구분과 인식론적인 구분을 이와 같이 무개념적으로 적용하는 태도는 사변철학 전통에서 만들어진 것이다. 위는 잘못된 본보기를 보여주기 위해 친구와 토론하던 중 있었던 일 하나를 예시한 것이다. 신이 존재하지 않는다고 생각하기 때문에 자신을 유물론자라고 말한 친구에게, 나는 대답했다. "그렇다면 너는 관념론자겠구나"라고. "신이 존재한다고 믿는 친구가 있다고 하자. 그 친구에게는 신이 존재하는데 그에게 존재하는 것을 너는 없다고 생각했기 때문에 관념론자 아니겠니?" 친구는 대답이 없었다. 있다는 믿음과 없다는 믿음이 서로에게 동일하게 작용하는 것을 모르는 경우를 가리켜 사변적 주장이라 말한다. 사변적 주장은 존재와 무가 어떻게 변주되는가를 간과한다. 그래서 사물의 진리에 결코 도달하지 못하고 자신의 믿음만을 확인하는 편견으로 귀결될 가능성이 농후하다.

[2] 도가道家 철학에서는 이 카이로스의 시간을 운명의 수레바퀴 혹은 그것과는 반대로, 생명을 잉태시키는 혁명의 계기라고 부를 수 있다.

[3] 그럼에도 불구하고 나는 동서양 문화의 차이 속에서 그 양태를 비교했다. 우리가 당연하게 여기는 어떤 관념의 뿌리가 어떻게 상이하게 나타날 수 있는가를 볼 수 있는 훌륭한 범례였기 때문이다. 이러한 범례를 떠나 일

반론적으로 말하자면, 동양적 전통에서는, 특히 동양인들의 일반론적 시각에서는 동양 문화와 서양 문화를 나누고 정체성을 부여한다. 동양 문화는 종합적이고 관계적이어서 상생과 조화를 추구하는 반면 서양 문화는 분석적이고 물질적이어서 자연을 적대시하고 정복의 대상으로 삼는다는 것이다. 그러나 과연 위와 같은 방식으로 규정된 동서양 문화의 정체성이 어느 정도 타당성이 있는 것일까? 즉자적인 수준에서 이러한 규정에 의문을 가지는 이유는 그 속에 동양인의 사고에 존재하는 서양에 대한 질투와 멸시가 동시에 담겨 있기 때문이다. 이는 서양 문화가 인권의 보편화 혹은 인류의 보편적 가치를 선점했던 것에 대한 부러움 그리고 그것이 자신의 문화를 잠식했던 지점에 대한 경계를 드러내는 말이다. 이러한 동양인들의 일반적인 시각은 동서양 문화에 대한 모호한 이해를 보여줄 뿐이다. 이 모호성의 배후에 자리잡고 있는 물질적인 실체를 우리의 사유공간에 정확하게 자리매김하지 못했을 뿐만 아니라 그 실체의 물질성이 이미 동양인의 사고 속에 자리잡았기 때문이다.

[4] English: All human beings are born free and equal in dignity and rights. They are endowed with reason and conscience and should act towards one another in a spirit of brotherhood.

Latin: Omnes homines dignitate et iure liberi et pares nascuntur, rationis et conscientiae participes sunt, quibus inter se concordiae studio est agendum.

French(Français): Tous les êtres humains naissent libres et égaux en dignité et en droits. Ils sont doués de raison et de conscience et doivent agir les uns envers les autres dans un esprit de fraternité.

한국어: 모든 인간은 존엄성과 권리들을 가지고 자유롭고 평등하게 태어난다. 그것들은 이성과 양심으로부터 부여되며, 서로를 위해서는 형제애의 정신 속에서 행동해야 한다.

[5] Gourou, Pierre, Terres de bonne espérance, 1982(http://lhomme.revues.org/index1.html).

[6] Stiegler, Bernard, La technique et le temps(Galilee, 1994), p. 15.

[7] 슘페터, 조지프, 박영호 옮김, 《경제 발전의 이론》, 박영률출판사, 2005, 90~91쪽.

[8] 베버, 막스, 이상률 옮김, 《유교와 도교》, 문예출판사, 1990, 21쪽.

[9] 경제 발전의 신화는 록펠러와 함께 삼각동맹회담trilateral commission을 만든 헨리 키신저가 한 말, 즉 다국적기업의 지배를 정당화시키는 발언에 나타난다. 그는 세계화가 식민지 개척과 같은 것이 아니라 서로간의 협력적인 경제 발전일 뿐이라고 했다. 하지만 세계화는 초국적기업에 의한 지배 구조의 정착을 더욱 심화시켰을 뿐이었다.

[10] 이는 아리스토텔레스의 관점이다. 그는 주인과 노예의 관계를 전체와 부분과의 관계로 보았다. 이러한 관계는 모든 관계가 그 자체의 관계 속에서 구성되는 진정하지 않은 관계와 비슷하다. Aristotle, La politique (Vrin, 1995), p. 36 각주 2.

[11] 이러한 동양의 의식 구조는 정확히 말하자면, 유교 담론의 보편화에서 만들어진 의식 구조다. 유교 담론에서는 전체로 상징되는 왕의 신하로서의 시민 범주가 소위 군자였기 때문이다. 이에 대한 동양인 스스로의 비판은

도가 전통의 사유 체계에서 찾을 수 있는데, 양웅의 《법언法言》에 다음과 같은 말이 나온다. "군자의 덕목 중에서 인仁이란 집이고, 의義란 길이고, 예禮란 의복이고, 지智란 등불이고, 신信이란 부적이다. 군자는 집에 있으면서 길에 머무름과 같아 의복을 바르게 하고 등불을 밝히며 부적(토지문서)을 지키는 것이다." 지주로서의 군자는 자신의 토지문서를 지키기 위해 왕의 무장력에 의존하기 때문에 오직 왕만이 자신의 권리를 보호해주는 것으로 간주했다. 그리고 이를 보편화시켜 왕에게 필요한 유능한 사람이 되자는 "자발적 굴종"의 시민 정신을 갖게 된 것이다. 만일 이러한 유교적 관점과 반대로 재목材木을 해석하면, "재주 있는 문인"이 된다. 여기서 재주 있는 문인은 약자의 입장에서 사회를 비판적으로 바라보는 태도를 말할 것이다.

[12] Charpentier, John, *L'ordre des Templiers*(Paris,1944)를 참조하시오.

[13] 이와 같은 야누스적인 얼굴은 유물론과 관념론이라는 철학적 논쟁에서도 마찬가지다. 헤겔의 변증법에서 특히 본질과 현상 개념은 전자에 의해서 후자가 규정되는 것으로 설명된다. 하지만 이 또한 우로보로스처럼 원환 운동을 하는 것이다. 꼬제브는 헤겔의 《정신현상학》 중 주인과 노예의 변증법에 나타난 상호인정투쟁이 헤겔철학의 핵심이라고 강조한다. 이는 상호인정투쟁 속에서 절대 정신으로 도약하는 힘을 만들기 때문일 것이다. 이집트 신화에 따르면 신이 인간을 창조하고 인간에게 동물을 지배하도록 만들었는데, 인간은 동물에게 이름을 붙여 지배하도록 했다 한다. 아침이면 노파로 변장하여 지상에 내려온 신은 인간이 붙여 놓은 이름을 가지고 재미있게 놀다가 저녁이 되면 다시 지상을 떠났다. 인간은 노파가

흘린 침을 흙으로 빚어 뱀을 만들었다. 그렇게 뱀은 인간이 만든 최초의 창조물이 되었다. 그러나 이름을 붙이지는 않았다. 이름을 붙이면 신이 알기 때문이었다. 그런데 노파가 저녁 무렵 아침에 왔던 길을 지나가다 뱀에게 발등을 물렸다. 인간 자신의 꾀가 부메랑이 되어 다시 자기를 위협하게 된 것이다. 이에 신은 인간에게 창조 정신을 회수할지 말지를 고민하다가, 인간이 특정 순간에만 동물을 지배할 수 있도록 했다. 이렇게 하면 인간은 신의 전유물인 창조 정신을 갖기 위한 노력보다는 세상을 지배하기 위해 이름을 붙이는 게임에 매몰될 것이라 생각했기 때문이다. 그리고 신은 더 이상 인간 세상에 자신의 모습을 드러내지 않았다 한다. 이러한 이집트 신화와 유비해서 생각해 보면, 야누스적 특징은 주인과 노예 사이의 인정투쟁이든, 신과 인간 사이의 정체성투쟁이든, 화폐와 빚 사이의 축적 운동이든 모두에게 '감추어진 신'(창조신, 아몬)을 찾는 게임이다. 처음과 끝에만 그 야누스의 얼굴을 결정하는 것이 나오기 때문이다.

14 우연히 장롱에 부착된 거울을 보았는데, 거울 속에 또 다른 내가 존재했다. 나는 분명 여기 있다고 생각했는데, 그 거울 속에 또 다른 내가 있었던 것이었다. 나는 분명 하나라고 생각했는데, 거울 속에 내가 있다는 것을 발견하고 저것도 또 다른 나라고 생각했었다. 두 개의 '나' 중에, 진짜 나는 누구일까를 고민했던 것 같다. 나라고 생각하는 내가 거울 밖의 나라고 생각했는데, 거울 속의 나도 그렇게 생각할까라는 의문이 들었다. 한쪽 눈을 감으면 거울 속의 나도 한쪽 눈을 감고, 코를 만지면 거울 속의 나도 코를 만졌다. 나와 똑같이 행동했기에 그 쪽의 나도 그렇게 생각한다고 여겼다. "너는 누구냐"고 말하니까, 거울 속의 나도 똑같이 "너는 누

구냐'고 말했다. "너는 가짜야"라고 말하면 거울 속의 나도 "너는 가짜야"라고 말했다. 답답했다. 똑같이 흉내 내어 말없이 몇 십 분 동안 가만히 앉아 있었더니 그 놈도 그렇게 몇 십 분 동안 가만히 앉아 있었다. 그러다가 생각했다. '너는 나의 흉내를 내는 존재이니까 너는 가짜야. 거울 속에만 있으니 얼마나 답답하니? 내가 거울에 비추지 않으면 너는 비로소 거울 밖으로 나와서 나와 다시 결합되니까 답답하지 않을 거야' 라고.

[15] Bormans, Christophe, 'Narcissisme et échange-L' Échange: idéalisation ou sublimation des pulsions?", http://www.psychanalyste-paris.com/Narcissisme-et-echange.html

[16] 프로이트의 《문명 속의 불만》은 공리주의적 전통에 바탕을 둔 경제학적 사고가 기저에 깔려 있다. 이 부분은 반공리주의 전통의 경제학자에게는 비판받아 마땅하다. 그보다 내가 앞으로 다룰 계획이 있는 서양 문명에서 자유의 문제를 잠시 언급하겠다. 프로이트는 "개개인의 자유는 문명이 주는 선물이 아니다"(프로이트, 지그문트, 김석희 옮김, 《문명 속의 불만》(프로이트 전집 12), 2004, 열린책들, 281쪽)고 말한다. 반면 게오르크 짐멜은 《화폐의 철학》에서 화폐의 등장과 더불어 시민적 개인이 확대되었다고 말한다. 서로 상반된 주장이지만, 이는 같은 맥락으로 이해될 수 있다. 마치 《도덕경》의 유무상생의 원리처럼, 프로이트는 메타 수준에서 그러한 주장을 했고, 짐멜은 대상 수준에서 그러한 주장을 했다고 본다면 말이다.

[17] 가치생산의 원천이 노동이라는 노동가치설은 스미스, 리카도, 마르크스에 따라 다소 차이가 난다. 스미스의 노동가치설은 지배노동가치설, 리카도의 노동가치설은 투하노동가치설, 마르크스의 노동가치설은 노동가치

생산설이다. 지배노동가치설은 인간노동에 교환관계를 결합하여 사고했고, 투하노동가치설은 노동가치에 기술가치를 결합하여 사고했다. 노동가치생산설은 오직 살아 있는 노동력만이 가치를 생산한다는 견해로, 노동가치는 사회적 필요노동 시간에 의해 결정된다는 것이다.

[18] 이는 신자유주의적 유연화 정책이 가지는 함의를 파악하는 데 중요한 시사점을 제공해준다. 노동 분업의 경직성을 유연성으로 바꾸자는 노동 정책은 소외노동을 양산시킨다. 즉 평생고용계약의 종말은 자본의 원시적 폭력과 마찬가지로 후기자본주의에서 초기자본주의 시대에 구사했던 야만적인 폭력을 다시 한 번 재현하겠다는 의지의 반영이다. 노동 분업의 경직성은 케인즈주의적 복지 정책 때문에 만들어졌다. 그러나 케인즈 복지국가의 위기 이후, 자본의 이동성이 심화되었고 그에 따라 일국 단위의 경제안정성도 크게 훼손되었다. 문제는 자본의 이동성이 심화되는 상황에서 노동의 유연성을 전면에 내세웠지만, 이로 인해 자본의 이동성이 한층 심화되었고 오히려 경제의 안정성이 더욱 훼손되었다는 점이다. 특히 환율의 불안정성보다 경제 구조의 불안정성, 나아가 삶의 불안정성을 더욱 심화시켰다.

[19] 전병권, 〈인지자본주의의 문제설정〉, 《진보평론》 27, 2006 참조.

[20] 제1차 인클로저 운동이 1차산업 종사자인 농민을 2차산업 종사자인 임금노동자로 내몰았다면, 제2차 인클로저 운동은 2차산업 종사자인 임금노동자들을 3차산업 종사자인 서비스노동자로 내몰았다. 따라서 제1차 인클로저 운동은 봉건제 생산양식으로부터 자본제 생산양식으로 전환하는 과정에서 자유주의의 기치를 내세워 만들어진 것이라고 한다면, 제2차 인

클로저 운동은 물질 생산 체계인 '근대'에서 비물질 생산 체계인 '탈근대'로 전환하는 과정에서 기업의 무한자유를 주장하는 신자유주의의 기치로 진행되고 있다.

21 이와 같은 야누스적인 특성은 양자역학에서도 발견된다. 입자론과 파동론 간 이원 체계는 결국 단일한 입자는 다수의 파동과 같다는 주장으로 귀결된다.

22 리처드 와틀리Richard Whately는 1831년 《정치경제에 대한 시론적 강의》에서 '교환의 과학'이라는 용어로 카탈랙틱catallactic을 처음 사용한다. 이 용어를 하이에크는 《법, 법제화와 질서》(1973)에서 국가의 규범적 질서kosmos와 대립되는 시장의 자생적 질서taxics로 체계화시킨다.

23 미셸 푸코는 《감시와 처벌》에서 이와 같은 교도소 모형을 병원, 학교, 공장 등으로 확대 적용시켜 근대의 규율적 권력disciplinaire pouvoir의 편제를 비판하면서 근대적 주체 형성 문제를 다룬다. 푸코는 감옥에는 인도주의적인 것이 없다고 본다. 그러나 이 점은 나의 견해와 다르다. 푸코가 계몽주의 사고, 즉 감옥은 보편적 처벌이 아니라고 보는 계몽주의적 사고를 전제했기 때문이다. 감옥은 육체 예속화의 역사 속에 새겨져 있다. 판옵티콘은 그것을 감시하는 권력의 효율성을 최대화시키면서 동시에 정신의 예속화도 만들었다. 공리주의적 경제논리에 정신의 예속화 혹은 희생물의 존재를 전제되는 것을 감안한다면, 푸코와 다르게 근대적 합리성의 논리를 사고할 필요가 있다. 푸코는 판옵티콘의 경제적 형태가 대차대조표에 의한 복식회계라는 점을 생각하지 못했다. 복식회계는 일일이 감시하지 않아도 회계장부 분석만으로 왜곡된 사례를 찾아낼 수 있었다. 이는

자본주의적 (감시 권력의) 합리성 형성의 토대가 되었다.

24 칸트에 의해 이미 지적되었듯이, 원죄론의 문제는 그것이 인간의 자유와 무관하고 윤리와 무관하기 때문에 인간성의 외적 성질로서의 악으로 인간을 벌하려는 표리부동한 신이 도입될 수밖에 없다. 유혹에 견딜 수 없는 문제를 던져주고 인간을 징벌하려 한 것이다. 그렇기 때문에 칸트는 인간의 악을 자유의지와 결합해서 사고해야 한다고 주장한다. 만일 악이 자유의지와 관련된 것이라면 세 가지의 양태를 가진다. 첫째는 인간 본성의 허약성, 둘째는 인간 의지의 취약성, 셋째는 인간의 사악성(근본악)이다. 인간의 사악성은 자신의 마음과 반대로 하고 싶은 정념에 사로잡히는 것이다. 나쁜 줄 알면서도 나쁜 짓을 하고 싶은 마음에 휩싸여 나쁜 짓을 저지르는 모습을 말한다. 이것 때문에 윤리가 구성된다. 악마적인 악도 여기에서 나온다. 이것은 도덕법칙과 대립되는 것에서 파생하지만 자유의지와 결합할 수 없는 성질을 가지고 있으므로 최고의 선과 마찬가지로 실현불가능하다고 칸트는 말한다.

25 고문은 권력자가 자신이 원하는 정보를 얻지 못할 때 폭력을 행사하는 것이다. 말하자면, 피권력자를 통제할 수 없다는 무능을 반증하는 것이다. 합리성은 통제의 가능성에서 만들어지는 것이지, 통제하지 못하는 상황에서 약자를 협박하는 과정, 즉 감정풀이 차원에서 만들어지는 것이 결코 아니다.

26 동양학에 심취한 사람들이 종종 오해하는 경우가 있다. 서양은 개인 중심적이고 동양은 관계 중심적이라는 것이다. 그러나 서양의 중세 문화는 개인보다는 집단의 의무를 강조하는 고대 문화의 전통을 계승했기 때문에

이와 같은 이분법은 부정확하다. 다만, 서양의 근대 문화, 특히 자본주의 문화에서는 집단보다는 개인을 강조한다.

27 프로이트, 지그문트, 이윤기 옮김, 《종교의 기원》, 열린책들, 330쪽.

28 모세의 상형문자는 𓁐𓏤(moise)이다. 이것은 탄생을 의미한다.

29 𓅓 부엉이(m) 𓏏 빵조각(t)

30 《주역》에서 물은 알 수 없는 것을 상징한다. 방위는 북쪽, 상징 동물은 현무다. 불은 부착/분리를 상징한다. 방위는 남쪽이며, 상징 동물은 주작이다.

31 𓇋 이것이 창조신 아몬amon의 상징이다.

32 아켄아톤은 원래 아메노피스 6세라고 불렀지만, 아몬파와 교리 논쟁을 벌이던 중 자신을 아켄아톤이라 명하고 더욱 더 전제적인 유일신교를 펼쳤다. 이 젊은 파라오가 통치하던 시기는 기원전 1373년부터 1358년까지 17년 동안이었다.

33 샤프트, 필립, 이길상 옮김, 《교회사 전집2 — 니케아 이전의 기독교》, 크리스챤다이제스트, 2004, 476쪽.

34 홉스는 주권자가 개인의 자유를 침해하는 행위는 커먼웰스의 법률에 위반되는 것이 아니라 자연법에 위반된다고 본다. 특히 "백성의 자유는 주권자의 무제한적 자유와 양립한다"는 사고는 근대적인 것이기보다는 중세적인 것이다. 홉스, 토마스, 진석용 옮김, 《리바이어던 1》, 나남, 2008, 283쪽.

35 서양 언어에서는 공공의 유용성을 고대 문화에서는 공동체의 유용성 utilitas communis으로, 중세 문화에서는 대중여론의 유용성 utilitas publica으로 구분한다. 하지만 한국어는 이러한 미세한 개념적 구분이 아직 발달

되지 않았기 때문에 '공공의 유용성'으로 통일했다. 특히 유일신 종교가 부재한 한국의 전통 문화에서는 중세적인 용어보다는 고대적인 의미에 더 가깝게 공공公共의 유용성을 사용했고, 한국의 근대 문화에서는 공공의 유용성이란 단어를 중세적인 의미로 사용했다. 한편, 대의大義를 주장하는 사람치고 대의에 충실한 사람 없다는 말처럼, 명분에 매달리지 말고 명분이 만들어지는 장소와 그것의 목적을 파악해야 한다.

36 그렇기 때문에 진정성의 정치란 도덕적인 신념을 투사시키는 정치가 결코 아니다. 진성정의 정치란 자신의 이익에 기반을 둔 열정을 투사시키고 이것이 대중의 이익과 부합됨을 증명하는 정치다.

37 주판치치, 알렌카, 이성민 옮김, 《실재의 윤리—칸트와 라캉》, 도서출판 b, 2004, 56쪽.

38 이는 로앙Rohan 공작의 말이다. Laval, Christian, *L'homme Economique: Essai sur les racine du néolibéralisme*(Gallimard, 2007), p. 59에서 재인용.

39 일반적으로 짝사랑은 남들이 알게끔 일방적으로 기쁘게 하는 사랑이다. 외사랑은 아무도 모르게, 슬픔을 머금고 가련하게 하는 사랑이다.

40 로크는 중재할 수 있는 권력이 존재하는 상황을 사회상태, 그것이 없는 상황을 자연상태라고 부른다. 그래서 로크의 자연상태는 홉스의 자연상태와는 다르다. 홉스는 자연상태와 전쟁상태를 같은 것으로 사고했지만, 로크는 자연상태에는 평화상태와 전쟁상태, 두 종류가 있는 것으로 사고했다. 로크, 존, 강정인·문지영 옮김, 《통치론》, 까치, 1996.

41 '물화物化된 사랑'은 서로간에 공통분모를 만들어간 사랑을 뜻하므로, 물

질욕에 따라 서로 교류하는 사랑으로 환원될 수 없다. 오히려 기쁜 정념에 사로잡힌 두 짝사랑의 만남보다 더 실제적일 수 있다. 사람들 간의 싸움을 서로 사귀는 과정, 서로에게 있는 모난 점을 다듬는 과정이라고 본다면, 싸움 그 자체를 도덕적으로 무조건 나쁘게 볼 필요는 없다.

[42] 종교적 아둔함의 극치는 신의 자식이기 때문에 신의 자식이 아닌 자들보다 더 신이 자기를 사랑할 것이고 자기 말을 들어줄 것이라고 설파하는 모습이다. 인간도 자기자식보다 남의 자식을 더 사랑하는 사례가 있는데, 어찌 신이 인간보다 못한 모습을 주장한단 말인가. 옳고 그름은 신의 자식이냐 아니냐 혹은 추종자냐 아니냐에 따라 규정되는 것이 아니라 그것이 판별되는 사안 자체에서 결정되는 것이다.

[43] 땅의 신이 유한자인가 무한자인가는 논란의 여지가 있다. 일반적으로는 땅의 신은 무한자로 생각한다. 신의 속성에 따라 규정되기 때문이다. 반면, 땅의 속성에 따라 규정하면 땅의 신은 유한자다. 만일 땅의 신을 국가로 표상한다면 그것은 유한자다. 어떤 영웅을 신격화하여 만든 존재를 땅의 신이라 칭할 수도 있다. 일반적으로 도가의 《도덕경》에 나오는 '천장지구天長地久'를 무한한 하늘처럼 땅은 썩지 않으므로 무한으로 본다. 하지만 혹성이 파괴되면 사라지는 것이므로 유한자라고 볼 수도 있다. 허공의 하늘은 무한이지만, 허공 속의 존재는 유한이다. 무한은 유한 속에서 규정되는 것이므로 하늘은 땅에 의해 규정되는 것이다. 그렇기 때문에 양음陽陰이라 하지 않고 음양이라고 말하는 것이며, 하늘과 땅이 같은 쌍으로 동시에 나오는 것이다. 이와 같이 유한과 무한은 같은 쌍으로 생성된다. 신이 영원하다는 것은 인간의 속성인 유한성 때문에 만들어진 것이지, 신

의 속성 자체에 의해 만들어진 것이 아니다.

[44] 여기서 광기란 부의 축적 욕망을 뜻한다. 이 욕망은, 하이데거식으로 말하면, 교황청에 의해 대중에게는 폐쇄시키고 억눌렀던 욕망이다. 그런 의미에서 부의 축적 욕망은 하나의 광기 표출이었다. 마치 로마 제국이 예수교를 누르자 이에 반발하여 순교했던 유대인 질노트파(예수도 질노트의 멤버라는 설이 있다)들처럼 말이다.

[45] 푸코, 미셸, 김부용 옮김, 《광기의 역사》, 인간사랑, 1991.

[46] 오스트리안 경제학파의 거장 루트비히 폰 미제스Ludwig von Mises는 《인간의 활동》에서 레쎄 페흐를 다음과 같이 설명한다. "레쎄 페흐는 영혼의 매개 없이 메커니즘적인 힘에 방치된다는 것을 의미하지 않는다. 그것의 의미는 각각의 개인이 어떻게 사회적 노동 분업 속에서 협력을 만들 수 있는가를 고민하는 것이다. 말하자면, 기업가의 생산 활동에 대한 결정권을 소유권자가 아닌 소비자에게 허용하는 하는 것이다."

[47] 맨체스터학파Manchester School of Economics는 곡물법 폐지 운동에 앞장선 그룹이다. 곡물법은 영국이 1660년에서 1765년까지 곡물의 과잉생산에 따른 가격 안정화 조치로 곡물 수입을 규제했던 법안이었다. 그러나 곡물의 과잉생산 이후 곡물 생산이 줄어들고 외국에서 곡물의 수입도 제한되면서 곡물 가격은 자연히 폭등하게 되었다. 문제는 곡물 가격의 상승이 지주의 수입은 증대시키지만, 노동자의 생계비용을 증가시키고 그에 따라 기업의 이윤을 감소시켰다는 점이다. 이 같은 문제로 인해 산업을 육성하기 위해서는 곡물법을 폐지되어야 한다고 주장했던 체계적인 경제학 이론서인 데이비드 리카도의 《정치경제학과 과세의 원리》(1871)가 등

장했다. 나아가 정치적 관습에 충실했던 런던파보다 좀 더 현실인 측면을 강조했던 맨체스터의 주장이 더욱 설득력을 더해갔다. 대표적인 맨체스터학파의 대변자로는 1852년 곡물법 폐지 운동에 앞장선 리처드 콥든 Richard Cobden을 거론할 수 있다.

[48] 근대인의 사고논리에 존재하는 인과율은 아리스토텔레스의 연역논리에서 파생된다. 인과율의 문제를 기호논리학적으로 관찰하면 인과율 그 자체는 스스로 산출하지 못하는 패러독스에 직면한다. 예를 들어, 아리스토텔레스의 삼단논법, "모든 사람은 죽는다. 소크라테스는 사람이다. 따라서 소크라테스는 죽는다"는 문제는 이 삼단논법이 어떤 것이 논리적이고 어떤 것이 비논리적인지 구분할 수 없다는 점이다. 기호논리학의 입장에서 보면, 논리의 전제는 서술proposition이라는 사고의 원자에서 출발할 수밖에 없다. 서술의 단위는 참과 거짓으로 분별되고, 각 서술은 "그리고and, 혹은or, -가 아닌not, 동등한equals" 등의 기호를 통해 결합되고 비교된다. 원자 단위의 서술의 값이 서로 결합하여 새로운 논리적 결과물이 만들어지기 때문에 그 결과물 또한 진위값이 갖게 된다. 하지만 "A가 B의 원인이 된다"는 기호는 만들 수 없다. 인과율 개념이 일관적 개념이 아닌 임의적 개념인 이유는 바로 이것이다. 다양한 원인과 결과를 설명하는 명제들을 분석해보면 원인 그룹과 결과 그룹이 인과율로 설명되지 못하는 패러독스를 만든다. 이를 수학철학자 러셀이 발견하여 '러셀 패러독스Russell's paradox'라고 한다. 그래서 러셀은 "인과율" 대신 "실질적 함의material implication"가 무엇인가를 찾는 것이 중요하다고 생각한다.

[49] Cox, Harvey, "The Market as God", *The Atelantic Monthly*, 1999;

http://www.theathantic.com/past/docs/issues/'99mar/markethod.htm
[50] Rockoff, Hugh, "The "Wizard of Oz" as a Monetary Allegory", *Journal of Political Economy*, Vol. 98, No. 4, 1990, pp. 739~760.

[51] 좋은 화폐는 법정 규정 용량에 맞게 금을 금화로, 은을 은화로, 동을 동화로 주조한 화폐이고, 나쁜 화폐는 법정으로 규정된 정량에 미달되게 주조한 화폐를 말한다.

[52] 미국의 '73년의 죄악'은 두 번에 걸쳐서 완성된다. 1873년 3월의 금본위제(금1온스에 22.67달러)가 은행자본이 민중을 원활하게 압살할 수 있게 만들었다면, 1973년 3월에는 국제기축통화를 달러로 정하고 금1온스에 35달러로 고정했던 고정환율제에서 변동환율제로 변화되었다. 이는 화폐 발행에 대한 국가책임을 버리고 시장보증 체제로 바꾼 것, 즉 달러 남발을 미국 정부가 책임보증하지 않고 시장의 정글게임에 내맡기겠다는 것이다. 이로써 미국 정부에게 면죄부를 안겨주는 국제적인 시장 유일신교가 탄생한다. 미국 금융자본의 제1차 죄악이 디플레이션을 조장하여 미국 민중을 금융 권력의 노예로 길들인 것이라면, 제2차의 죄악은 인플레이션의 정책을 통해 월가의 금융자본이 전 세계를 지배하도록 제국의 단초를 만든 것이었다.

[53] 제2차 세계대전 중 독일과 일본의 패배가 확실시되던 1944년 1월 전후의 금융질서를 세우기 위해 미국의 브레턴우즈에서 44개국이 모여서 회의를 한다. 회의 결과 외국 원조가 시급한 나라에 장기자본을 공급하기 위해 국제부흥개발은행IBRD을 세우고, 환율을 안정시키고 국제수지상의 불균형을 시정하는 데 필요한 자금을 마련할 용도로 국제통화기금IMF를

만들기로 했다. IBRD는 1945년 말에, IMF는 1946년에 설립되어 초반기에는 비교적 잘 운영되었다. 브레턴우즈 체제는 케인즈가 주장한 금환본위(금과 국제화폐 방코르 간의 교환 체제)를 부분적으로 수용하여 금-달러의 교환 체제로 바꾸고, 화이트가 주장한 금 본위(금을 동전 주조에 사용)의 내용을 기각한다. 당초 케인즈가 제안한 금환본위제는, 첫째 국제적 유동성을 해결하기 위한 합리적 국제통화 방코르를 창설하고, 둘째 환율의 안정성에 대한 민족경제의 균형 문제를 선차적으로 고려하며, 셋째 이로써 민족국가의 자율성을 도모하기 위해 기획된 것이었다. 그러나 케인즈-화이트 안의 절충은 미국의 달러화가 국제화폐의 상징으로 둔갑한 것이었다. 또한 국제통화의 유동성을 확보하기 위해 무제한적인 달러 살포의 가능성을 내포하는 것이었다.

[54] 유로달러시장은 1960년대 초반 미국 바깥에 소재한 은행들이 달러 중개 활동을 하면서 본격적으로 작동되기 시작한다. 유로달러시장의 출현에는 여러 가지 요인이 있다. 그 과정을 보면 다음과 같다. 1956년 수에즈운하 사건(1869년 개통한 수에즈운하는 인도양과 지중해를 연결하는 운하다. 이를 이집트가 국유화하자, 1956년 영국과 프랑스군이 수에즈운하를 점령한다. 이에 불만을 품은 미국은 IMF차관을 봉쇄해 파운드화의 가치를 떨어트린다)을 계기로 영국 파운드화에 대한 투기가 일어나자 영국 통화당국은 영국 비거주자에 대한 파운드 대출을 금지시킨다. 이 조치로 런던의 국제금융센터는 1세기 동안 누렸던 국제통화 운용의 장점을 상실한다. 하지만 사회주의 국가들은 미국의 예금이자율 상한선보다 더 높은 금리를 주는 런던에 달러자금을 예치한다. 그래서 런던의 은행들은 달러 대출을 확대할 수 있었다. 이

것은 미국만이 국제기축통화인 달러를 공급하는 것이 아니라 유로달러시장에서도 달러(혹은 국제유동성)를 공급할 수 있다는 것을 의미한다. 하지만 그뿐만이 아니었다. 런던 주재 프랑스대사관 소속 경제학자 자크 뤼에프Jacques Rueff가 지적한 것처럼, 이는 달러의 과잉 혹은 달러의 남발 또한 의미했다.

55 경제학자들이 즐겨하는 농담에도 이와 비슷한 것이 존재한다. 검사, 정치가, 경제학자 아들을 둔 집의 부친이 사망했다. 아들 삼형제는 부친이 황천길 가시는 노잣돈을 내는 문제를 논의하기 위해 모였다. 검사인 첫째와 정치가인 둘째는 형편을 고려하여 일괄적으로 내자고 했다. 하지만 가난한 경제학자인 막내는 자기 재량껏 내자고 주장했다. 그래서 첫째 아들은 100만 원을 내기로 했다. 둘째 아들은 형보다 더 크게 보이려고 200만 원을 내기로 했다. 막내는 300만 원을 낸다고 했다. 두 형들은 삼형제 중 제일 가난한 막내가 왜 이렇게 무리하는가라고 생각하며 속으로 걱정했다. 그런데 막상 상여가 나가는 날에 두 형들은 막내가 왜 그런 주장을 하는지 알게 되었다. 첫째와 둘째는 모두 현금을 봉투에 담아 냈는데, 막내는 두 형의 봉투를 걷어 자신의 주머니 속에 넣고 대신 자기앞 수표 6백만 원을 발행하여 노잣돈을 냈던 것이다.

56 Chicago Federal Reserve, "Modern Money Mechanics: the Public Information Center of the Federal Reserve Bank of Chicago", 1963.

57 화폐money와 유동성liquidity은 서로 다른 개념이다. 화폐는 신용 활동의 대상, 즉 부채를 탕감할 수 있는 유일한 수단이다. 유동성은 화폐와 손쉽게 교환할 수 있는 증권이다. 금융자산시장의 가격 결정 방식은 금융의 파

편성에 의존하는데, 이는 부분적 자산 플로 가격의 총합과 화폐 스톡으로 표현된 사회적 부의 총합과 괴리되는 불균형에서만 결정되는 것이지, 실물 가격의 투영분으로써 평가된 가치를 반영하는 것은 아니다. 따라서 자본주의 경제는 스톡stock(저량)과 플로flow(유량) 간의 불일치에 따라 유동성 함정이 나타날 수 있으며, 금융의 불안정성이 내재적으로 존재한다.

[58] Aglietta, M., A. Brender & V. Coudert, *Globalisation financière: l'avanture obligée*, *Economica*(Cepii, Paris, 1990).

[59] 스페인 함대의 몰락은 영국과의 20년전쟁(1584~1604) 때문이 아니라 종교개혁(1618~1848)에 따른 신성로마제국의 내전 때문이다. 1604년 런던협정의 내용은 스페인에게 유리했다. 그 후 스페인은 포르투갈과 경쟁하면서 라틴 아메리카 서해안 일대와 카리브해협을 거의 장악할 수 있게 된다. 그러나 구교 전통의 스페인과 신교 전통의 합스부르크왕조와의 대결은 스페인의 힘을 약화시킨다.

[60] 1807년 아메리카와 카리브해안 일대의 노예 수는 대략 3천7백만 명이라고 한다.

[61] 해양선 개념은 1493년 교황칙령에 의해 처음으로 만들어졌다. 영국, 프랑스, 이탈리아가 지중해에 관심을 두었을 때, 이베리아반도의 포르투갈과 스페인은 교황칙령을 받고 대서양과 인도양을 항해하다가 해상주도권 다툼을 벌였다. 교황 알렉산드르 6세는 이 갈등을 무마하기 위해 1494년 토르데실라스Tordesillas협정을 맺는다. 근대적인 해양선 개념은 네덜란드 어선이 영국 근해에서 벌이던 조업 활동을 금지하기 위해 1635년 영국의 법률학자 존 셀던John Selden이 네덜란드의 법률학자 휴고 그로티우스

Hugo Grotius의 마레 리베룸Mare liberum(자유의 바다) 원칙을 마레 클라우숨 Mare clausum(조항의 바다)로 전환시키면서 만들어진다. 마레 클라우숨의 원칙은 바다에도 주인이 있기 때문에 어업 활동에 세금을 부과해야 한다는 논리였다. Steinberg, Philip E., "Lines of Division, Lines of connection: Stewardship in the world ocean", *Geographical Review*, Vol. 89, No. 2, 1999, pp. 254~264.

[62] 금융 조달 방식이 전쟁의 결과에 영향을 미친 것이 아니라, 전쟁의 결과가 금융 조달 방식의 선호를 만들었다는 반론이 있을 수 있다. 하지만 불확실한 상황에서 금융가의 자산 관리는 위험에 대한 모험보다는 확실한 지분을 더 선호하기 때문에 위의 반론은 반박될 수 있다. 다른 한편, 불확실한 상황에 대한 리스크관리를 분산시키는 금융 기법이 있었더라면 나폴레옹의 금융 기법은 타당성이 있었을 것이다.

[63] Fisher, Iring, "The Debt-deflation theory of great depressions, *Economica 1(4)*, 1933, pp. 337~357.

[64] 고전파 경제학에서는 사람들이 현재의 소비보다는 미래의 소비를 더 선호하기 때문에 저축을 한다고 해석한다. 희소한 자원을 어떻게 합리적으로 선택할까라는 문제의식에서 출발한 고전파 경제학도 불확실한 상황 속에서 위험에 대한 선호도를 감안하면 그러한 저축 성향이 문제될 것이 없다고 말한다. 그러나 문제는 저축 성향이 위험을 기피할 수 있느냐의 여부다. 만일 저축 성향이 소비와 투자를 감소시켜서 소득을 줄어들게 한다면 경제적으로는 더 위험할 수 있기 때문이다. 이러한 점을 일반화시켜 인식한 경제학자가 바로 케인즈였다.

[65] Keynes, John Maynard, "The great slump of 1930", http://www.gutenberg.ca/ebools/keymes-slump/

[66] Agliétta, M. & A. Orléan, "La Monnaire souveraine", *Editions Odile Jacob*, 1998.

[67] Menard, Olivier, La souveraineté monétaite entre principe et réalisation, Thèse, Nantes. 1999; 오레스메의 '통화에 관한 논고'는 http://mises.org/books/oresme.pdf에 있다.

[68] 세뇨리지 효과란 화폐의 독점적 발행권에 부여된 이득을 말한다. 세뇨리지라는 말은 왕이 금속화폐의 중량을 결정하면서 얻게 되는 독점적인 지대를 말한다. 프랑스의 경우, 755년 7월 11일 베흐농Vernon의 소유권 이양서에서 화폐 발행에 따른 왕의 수혜권을 인정한다. 그래서 왕은 금화 1파운드의 무게를 0.6그램으로 정하다가 왕이 보유한 금량이 부족하여 금화 1파운드를 0.3그램으로 정하는 식으로 화폐가치를 조절하여 이득을 얻을 수 있게 되었다. 이는 왕만이 화폐를 발행하기 때문에 가능한 것이었다.

[69] 할리우드 스타 키에누 리브스가 주연한 영화 〈스피드〉(1994)는 바로 이와 같은 달러 지배 체제의 불안정성을 상징적으로 보여준다. 영화에서는 폭탄이 장착된 버스가 시속 30~80킬로미터 사이로 운행해야만 폭발하지 않는다. 영웅이 도래해야만 그 위기를 탈출할 수 있다고 그린다. 하지만 영화의 메시지는 버스로 표상되는 미국을 구하는 것이 세계를 구하는 것이라는 이데올로기 혹은 달러를 구하는 것이 세계의 안녕을 주는 것이라는 이데올로기를 만들어낸다.

[70] Foster, John Bellamy, Hannah Holleman and Robert W. McChesney, "The U.S. Imperial Triangle and Military Spending", 2008. http://www.monthlyreview.org/081001foster-holleman-mcchesney.php

[71] Yoshihiko Ichida, "Circuit monétaire impérial ou capture financière de valeurYochihiko Ichida", 2003. http://www.cairn.info/revue-multitudes-2003-3-page-21.htm.

[72] 국제기축통화를 갖고 있지 않는 국가에서 화폐가치의 조정은 외환 위기라는 형태 속에서 자신의 화폐가치를 파괴시키는 운동을 나타낸다. 반면, 국제기축통화를 발행하는 국가, 미국에서는 종이에 잉크를 찍어서 주면 되기 때문에 이러한 현상이 나타나지 않는다.

[73] 브레턴우즈 체제와 워싱턴 컨센서스 체제는 아주 상이한 구조를 갖는다. 목표가 서로 상이했고 정책 수단도 상이했다. 브레턴우즈 체제에서는 완전고용이 목표였고 그래서 총수요관리 정책(재정지출 증대 정책)을 선호했다. 반면, 워싱턴 컨센서스 체제에서는 이자율 관리를 통한 물가 안정을 목표로 삼았다. 환율 또한 달랐다. 전자에서는 금-달러 고정환율제였다면, 후자는 변동환율제였다. 경제 개발도 전자에서는 원조를 통해 했다면 후자에서는 융자를 통해서 했다. 다만, 국제무역을 증진시키기 위한 수단으로 관세 및 비관세 장벽을 축소하자는 목표는 같았다.

[74] 브레턴우즈 체제에서는 달러가 전 세계에 유포될수록 미국은 금을 추가로 보유하기로 되어 있었기 때문에, 당초 260억 달러어치의 금 보유량보다 많은 대략 60퍼센트에 달하는 400억 달러의 금 보유량을 확보해야만 미국의 경상수지가 균형을 이룰 수 있었다.

찾아보기

【ㄱ】

가치 19, 37~39, 43, 44, 48, 56, 57, 62, 76, 115, 116, 119~122, 148, 158, 161, 165, 166
가치판단 62, 63, 65
가치화 39
가톨릭 56, 150
개인의 이해 100~102
경상수지 163, 165, 166, 168, 170
경제인류학 44
경험주의 104
계몽주의 56
고정환율제 139, 156
공공의 유용성 98~100, 128
공리주의 66~68, 74, 75, 111, 124, 125, 129, 174
공리주의적 도덕 관념 102, 103
공정성 122
공통─부 98
과잉 부채 152~154, 165
과학적 담론 133
관념론 5, 96
교환가치 37, 39
교황의 무오류성 111

구체노동 37, 60
국제기축통화 142, 167, 169, 170
국제통화기금 156
국제화폐 방코르 139
권력게임 12
〈권리장전〉 22
그레셤의 법칙 135, 136
근대적 도덕관 102, 103
근대적 정치 101
근대화 9, 18, 19, 31, 44, 47, 48, 50, 53
글로벌 불균형 163
금본위제 127, 135~138, 149, 151, 152, 154, 156
금욕주의 56, 58, 63, 99, 100, 111, 115
금융 148, 150~152, 157, 160, 161, 163, 164, 168, 169, 170
금융 리스크 150
금융 헤게모니 138
금융거품 148
금융귀족 151
금융의 불안정성 170
금융의 파편성 147
금융자산시장 148
금융카르텔 137
금환본위제 157
기계 파괴 운동(러다이트 운동) 31
기든스, 앤서니 57
기술(테크네) 27, 28, 30~33, 42, 53

기술혁신 28

【ㄴ】

나르시시즘 40
나폴레옹, 보나파르트 151, 152
네이트 91
노동 유연화 정책 47
노동 이데올로기 42, 43, 45
노동가치 37, 43, 62
노동법 51
노마드 35, 50, 157

【ㄷ】

달러 남발 체제 159
달러화 141, 42, 146, 152, 157, 167, 168
대상성 39
덕 62, 77, 94
도가사상 69~71, 74
〈독립선언서〉 22, 23, 26
독트린 100, 125
돈키호테 31
동방교회 79, 82, 83
드라큘라 32, 35, 36, 169
등가교환 82
디스토피아 32, 130
디플레이션 135, 138, 152~154, 159, 164

【ㄹ】

라캉, 자크 12
런던 헤게모니 157
레이거노믹스 164
로마 제국 92, 113, 149, 150, 172
로마교회 82
로스차일드가 138, 151
로크, 존 47, 104
루소, 장 자크 104
루터, 마틴 99
뤼에프, 자크 140
르네상스 75, 83
리바이어던 97, 98
리카도, 데이비드 43
링컨, 에이브러햄 136

【ㅁ】

마르크스, 카를 29, 30, 37, 38, 43, 45, 60, 74, 165, 175
마르크스주의 128
맨더빌, 버나드 58, 105
맨체스터학파 124
머슴살이 49
모세 83~85, 91, 92, 108, 109, 131
모어, 토마스 47, 131
문두스 19
문명화 18, 19
물물교환 155
미제스, 루트비히 폰 61

【ㅂ】
바움, 프랑크 135, 136
발렌티누스 95
발전 18~20, 26~28, 31~33, 41, 59, 82, 100, 124, 150~152, 170
베버, 막스 29, 56~59, 62, 81, 115
벤담, 제러미 67, 125
변동환율제 139, 157, 158
변증법적 모순 128
보르만스, 크리스토프 40
보스턴 차 사건 19, 20, 22
보이지 않는 손 63, 126, 130
보편종교 81, 92, 93
복식회계 74
복지국가 159, 170
부르주아 계급 42, 123~125, 127, 129, 173
부채-디플레이션 152~154
브라이언, 윌리엄 제닝스 136
브레턴우즈 체제 139, 144, 157, 167, 169
브로델, 페르낭 81
비용 119
비표준경제학 143

【ㅅ】
사적소유권 46, 47
사회계약론 104
사회적 유대관계 28, 30, 31, 41

산업자본주의 51
삼위일체 57, 68, 93, 95, 96
새마을운동 48~50
생퀄라리테 102
생산양식 30, 60
생산양식론 27, 30, 60
생체정치 11
샤흐트, 할마르 155
성 어거스틴 68, 75, 76
성배 126, 127
세계은행 32, 156
세계화 9, 10, 18, 19, 31, 47, 50, 53, 142, 149, 152, 157, 159, 169, 171
세뇨리지 효과 158, 159
소유권 40, 47
수에즈운하 사건 157, 167
숨김 보눔 125
슘페터, 조지프 27, 28, 30
스미스, 애덤 43, 63, 105, 131
스토커, 브람 35
스피노자, 바뤼흐 데 52, 53, 83, 84
승화 41
시뮬라크르 91, 92
시온주의 110
시장가치 120, 121
시장비서 122
시장의 자율성 128, 133, 134
시장의 효율성 가설 147

신고전학파 경제학 120, 121, 143,
 161, 162
신자유주의 52, 170
실험경제학 80
십자군 전쟁 19, 35, 37, 79, 80, 82

【ㅇ】
아겐둠 24~26
아고라 64
아글리에타, 미셸 157, 158
아날학파 80, 150
아르장송, 부아예 드 폴미 124
아리스토텔레스 44, 77
아몬 85, 86, 89, 91, 93~96
아서 왕 126
아시아의 금융위기 166
아켄아톤 89, 90
아톤 85, 86, 91, 92
야누스 12, 31, 36~38, 60, 61, 77
야훼교 92, 109, 131
야훼종교 92, 93
에토스 124
에피스테메 34
엔론 스캔들 168
역능 53, 97
역플라자 합의 164, 165
연방준비은행 141, 145, 168
영지주의 96
영혼불멸사상 91

예수 63, 66~68, 84, 92, 97, 125, 126
예수교 63, 111, 113
오레스메, 니콜라 158
오를레앙, 앙드레 158
오이코노미아 34
《오즈의 마법사》 135~137, 140
왈라스, 레온 122
요시히코 이치다 164
우로보로스 36
워싱턴 컨센서스 142, 149, 164,
 166~168
원죄론 68, 81
유대교 109, 110
유로달러시장 139, 159, 160
유물론(자) 5, 6, 96
유용성(유틸리타스) 23, 33, 34, 77, 78,
 98~100, 115, 116, 126, 128, 129
유일신 야훼 83
유일신교 9, 53, 81, 85, 89~91,
 97, 171, 172
유토피아 28, 31, 32, 66, 130, 152
은본위제 135, 136
은행자본 135~137, 157
이드 39
이분성 124, 128
이상형 40, 41
이슬람 세력 79, 82
이집트 문명 90, 110, 171, 172
이해관계 20, 21, 75, 76, 81, 82,

98~100, 124, 126, 129
〈인권선언문〉 23, 24, 26
인지자본주의 51
인클로저 운동 30, 35, 47, 48, 50, 173
인터레스트 10, 76~80, 82, 83, 104, 110, 128, 174
인플레이션 138, 159, 166
임금 계약 45, 46, 60
잉여가치 37, 144

【ㅈ】
자기조직화 8, 28, 41, 81
자본 이동의 자유화 166
자유무역 20, 125, 127, 129, 154~156
자유방임 61, 64, 122, 123, 129
장미십자 기사단 36
저스트 밸류 119, 120
정보 121, 122, 134, 150, 151
정신분석학 39~41
정언명령 103
제1차 세계화 149
제2차 세계화 149
제우스신 25, 132
좀바르트, 베르너 57, 59, 81
종교 권력 99, 115, 116
종교개혁 93, 99, 150
주교제 92

《주역》 118
중농주의(자) 43, 129
중상주의 104, 129, 149, 150
중세적 도덕(관) 102~104, 123
짐멜, 게오르크 38, 39

【ㅊ】
차입경제 154
창조신 85, 89, 93, 94, 96
천부인권 23
총통화량 148
추상노동 37, 60

【ㅋ】
카이로스 7, 8
카탈라소 61, 63
카탈락시 61~64, 75
칸토어, 게오르그 53
칸트, 임마누엘 38, 57, 103
칸트의 도덕관 103
커먼스, 존 42
커먼웰스 98~100
케네, 프랑수아 129
케인즈, 존 메이너드 153, 154, 161, 162
콕스, 하비 131
콕시, 제이콥 136
크레도 끼아 압수르둠 135
크레마티스티코스 34, 38

크로노스 7
클라우어, 로버트 162
키위타스 98

【ㅌ】
탁시스 63~65
통합 19, 35, 37, 59, 100, 104, 139, 149, 172
통화스왑 144, 145
트리핀 패러독스 167

【ㅍ】
파레토의 최적공준 104
파생금융상품 168
파틴킨, 돈 162
판옵티콘 66~68, 74, 75, 81, 124
패러독스 105, 109, 114
페어 밸류 119, 120
포드주의적 생산방식 51
폴라니, 칼 131
폴리스 29, 132
표준경제학 143
푸코, 미셸 114
풍크, 발터 155
프랑켄슈타인 31
프로이트, 지그문트 39, 41, 84
프로테스탄티즘 56, 58, 63, 150
프롤레타리아 계급 128, 129
플라자 합의 164, 165

플라톤 78
피셔, 아이링 152, 154

【ㅎ】
하이에크, 프리드리히 폰 61, 63
한, 프랑크 162
할리우드 영화 32, 140, 141, 145
합리성 56~58, 63, 67, 74, 82, 115, 124, 175
헤겔, 게오르크 45, 57
헬레니즘 83, 132
협약 42
호모 에코노미쿠스 43, 104
홉스, 토머스 97~99, 104
홉스봄, 에릭 164
화폐 퇴장 154
화폐가치 37, 166
화폐수량설 154
화폐의 마법 32, 33, 35, 37, 41
화폐제약 162
회계학 37
효용 104, 119
희생 39~41, 62, 66, 68, 96, 103, 129

자본주의, 어떻게 우리 일상에 스며들었나

- 2011년 6월 24일 초판 1쇄 인쇄
- 2011년 7월 2일 초판 1쇄 발행
- 글쓴이　　　　전병권
- 발행인　　　　박혜숙
- 편집인　　　　백승종
- 영업·제작　　　변재원
- 인쇄　　　　　백왕인쇄
- 제본　　　　　정원문화사
- 종이　　　　　화인페이퍼
- 펴낸곳　　　　도서출판 푸른역사
　　　　우 110-040 서울시 종로구 통의동 82
　　　　전화: 02)720-8921(편집부) 02)720-8920(영업부)
　　　　팩스: 02)720-9887
　　　　전자우편: 2007history@naver.com
　　　　등록: 1997년 2월 14일 제13-483호

ⓒ 전병권, 2011

ISBN　978-89-94079-51-6　03900

· 잘못 만들어진 책은 교환해드립니다.